Erfolgreiche Gespräche durch aktives Zuhören

AF568844

Rolf H. Bay

Erfolgreiche Gespräche durch aktives Zuhören

10., durchgesehene Auflage

expert

Umschlagabbildung: © Antonio Guillem/Shutterstock.com

Bibliografische Information der Deutschen Nationalbibliothek
Die Deutsche Nationalbibliothek verzeichnet diese Publikation in der Deutschen Nationalbibliografie; detaillierte bibliografische Daten sind im Internet über http://dnb.dnb.de abrufbar.

© 2021 · expert verlag GmbH
Dischingerweg 5 · D-72070 Tübingen

Das Werk einschließlich aller seiner Teile ist urheberrechtlich geschützt. Jede Verwertung außerhalb der engen Grenzen des Urheberrechtsgesetzes ist ohne Zustimmung des Verlages unzulässig und strafbar. Das gilt insbesondere für Vervielfältigungen, Übersetzungen, Mikroverfilmungen und die Einspeicherung und Verarbeitung in elektronischen Systemen.

Alle Informationen in diesem Buch wurden mit großer Sorgfalt erstellt. Fehler können dennoch nicht völlig ausgeschlossen werden. Weder Verlag noch Autoren oder Herausgeber übernehmen deshalb eine Gewährleistung für die Korrektheit des Inhaltes und haften nicht für fehlerhafte Angaben und deren Folgen.

Internet: www.expertverlag.de
eMail: info@verlag.expert

Printed in Germany

ISBN 978-3-8169-3526-1 (Print)
ISBN 978-3-8169-8526-6 (ePDF)
ISBN 978-3-8169-0049-8 (ePub)

Vorwort

Die Welt um uns herum bauen wir jeden Tag aufs Neue. Diese Erkenntnis gilt auch für jedes Gespräch und ist ein wichtiger Schlüssel für das eigene Zuhörverhalten.

Wo wir mit vorgefassten Meinungen, Vorurteilen und stereotypen Verhaltensweisen ins Gespräch gehen, blockieren wir uns und den Partner, indem wir nicht mehr zuhören, was gesagt wird. Richtiges Zuhören ist aber die Basisvoraussetzung für Verstehen und erfolgreiche Kommunikation.

Dieses Buch geht alle an, die im Privatleben und in der beruflichen Lebenswelt die eigene Kommunikationsfähigkeit verbessern wollen. Es ist aus der Arbeit mit vielen hundert Menschen in berufsbezogenen Kommunikationstrainings entstanden. Dem Leser wird auf der Basis neuerer Erkenntnisse der Kommunikationspsychologie das Entschlüsseln von Aussagen durch aktives Zuhören vermittelt. In zahlreichen Dialogen werden die möglichen Störquellen im Gespräch dargestellt, so dass der Leser sehr schnell sein eigenes Verhalten überprüfen und verändern kann.

Aktives Zuhören bedeutet im Wesenskern, Gesprächspartner anzunehmen; es ist deshalb auch mehr als nur eine andere Art des Gesprächsverhaltens. Viele Hintergrundinformationen über die psychologischen Prozesse des Zuhörens sollen helfen, das aktive Zuhören als kommunikative Grundeinstellung zu verdeutlichen. Die meisten Kapitel sind durch umfangreiche Übungen ergänzt, die Ihnen helfen sollen, Ihr eigenes Zuhörverhalten Schritt für Schritt zu vervollkommnen.

Und da Wissen ohne Mut unfruchtbar ist, sind Sie herzlich aufgefordert, das Gelesene und Geübte dann schon im nächsten Gespräch auszuprobieren. Dazu wünsche ich Ihnen viel Erfolg.

Dr. Rolf H. Bay

Inhalt

1 Kommunikation aus psychologischer Sicht

Jeder von Ihnen wird schon einmal mit der Aussage konfrontiert worden sein, dass wir in einem besonderen Zeitalter leben, dem *Kommunikationszeitalter*. Damit wird üblicherweise abgehoben auf den sich ständig vergrößernden Anteil technisch ausgefeilter Kommunikationsmittel, die als Überträger von Informationen zwischen Menschen dienen.

Was aber trotz aller Kommunikationsneuerungen immer bestehen bleiben wird, das ist die *zwischenmenschliche Kommunikation* – jenes direkte, unmittelbare Reden, Diskutieren und Verhandeln zwischen zwei oder mehr Personen, ob am Telefon oder im Kontakt vis-à-vis.

Und unabhängig davon, worüber geredet, diskutiert und verhandelt wird, gibt es gesicherte psychologische Erkenntnisse über das, was wir *zwischenmenschliche Kommunikation* nennen.

Wir wollen zunächst die für das Grundverständnis *jeglicher* zwischenmenschlicher Kommunikation wichtigsten psychologischen Gesetzmäßigkeiten betrachten.

1.1 Die Verarbeitung von Reizen

Kommunikation ist immer Austauschen und Verarbeiten von Reizen. Wie dieser Austausch- und Verarbeitungsprozess funktioniert und welche einzelnen Schritte er beinhaltet, wollen wir uns jetzt anschauen.

In jeder Kommunikation gibt es einen *Sender* und einen *Empfänger*. Der *Sender* gibt einen *Reiz* ab, zum Beispiel eine Frage, und der *Empfänger* zeigt daraufhin eine *Reaktion*, zum Beispiel antwortet er zustimmend, ablehnend oder gar nicht. Auch das *Nicht-Reagieren* auf einen Reiz ist eine Reaktion. Denken Sie nur einmal an das *Überhören* einer Frage, egal ob bewusst oder unbewusst. Wir nennen diesen Vorgang *Reiz-Reaktions-Verhalten*.

In Bild 1.1 ist dieser Ablauf dargestellt. Was das Fragezeichen zu bedeuten hat, werden wir im Verlauf der weiteren Überlegungen noch klären.

Wir können hier zunächst einmal die Behauptung aufstellen, dass in aller Regel auf einen positiven Reiz eine positive Reaktion folgt, hingegen auf einen negativen Reiz wahrscheinlich eine negative Reaktion.

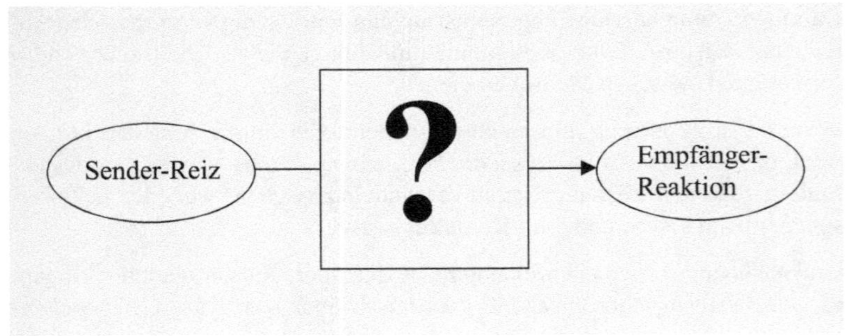

Bild 1.1: Reiz-Reaktions-Modell

Im Verlauf eines Gesprächs nehmen nun die beteiligten Personen abwechselnd die *Sender*-Rolle *und* die *Empfänger*-Rolle ein. Es entsteht ein *Regelkreissystem*. Dieses *Zusammenspiel* von Sender und Empfänger nennen wir *Interaktion*.

Auf der folgenden Seite ist dieser Kommunikationsablauf in Bild 1.2 modellhaft dargestellt.

Zum besseren Verständnis wollen wir uns die einzelnen Schritte des Kommunikationsmodells etwas genauer ansehen. Wir haben es hier mit einem psychologischen Vorgang zu tun, der objektiv gesehen wie ein nachrichtentechnischer Austauschprozess aussieht.

Der *Sender* als Informationsquelle (1) verfolgt – bewusst oder unbewusst eine bestimmte Absicht; er hat ein Kommunikationsziel.

Auf Grund seiner Persönlichkeitsstruktur, seines Erfahrungshintergrundes und der subjektiven Einschätzung der momentanen Situation filtert der Sender *intern*, was er mitzuteilen beabsichtigt (2). Es kann zum Beispiel sein, dass er unangenehme Teile seiner Botschaft nicht durch den Filter lässt oder bestimmte Aspekte *färbt*.

Was dann durch den Filter gelangt ist, wird verschlüsselt (3), d. h. in Worte, Gesten, Zeichen, Signale und Bewegungen umgesetzt.

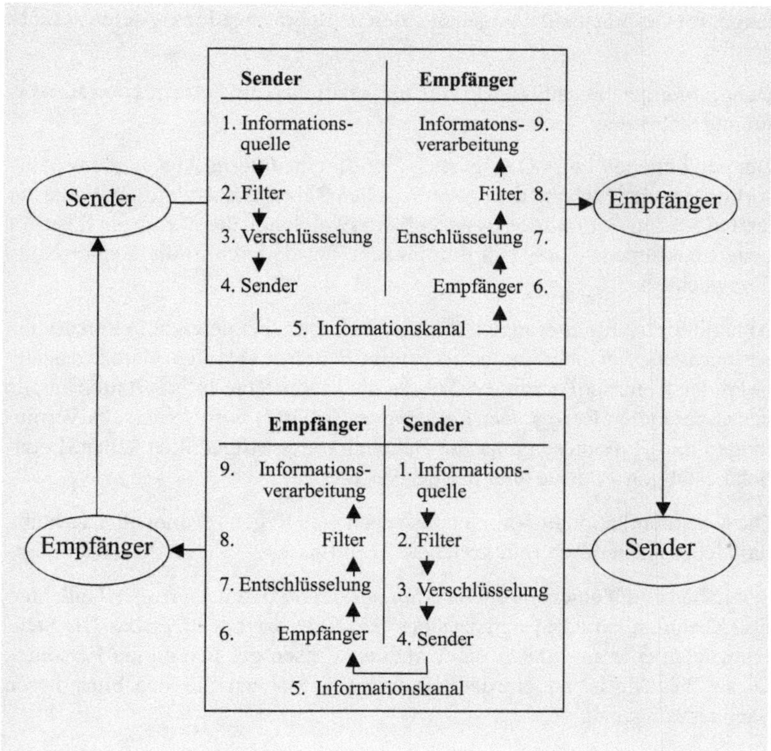

Bild 1.2: Der Kommunikationsprozess

Der Sender (4) wählt den Informationskanal (5) aus und übermittelt die Nachricht auf diesem Kanal an den Empfänger (6). Gerade aus der Wahl des Kommunikationskanals ergeben sich unter Umständen nicht unerhebliche Missverständnisse oder kommunikative Schwierigkeiten. Der *Sender* wählt ja mit dem Kanal sein bevorzugtes Repräsentationssystem für Mitteilungen aus.

Das heißt, er kann zum Beispiel etwas bildhaft, abstrakt oder gefühlsmäßig ausdrücken.

Die Kommunikation wird störungsfreier verlaufen, wenn Sender und Empfänger im Gespräch auf weitgehend gleiche Repräsentationssysteme zurückgreifen.

Der *Empfänger* entschlüsselt (7) die Informationen mit Hilfe des ihm zur Verfügung stehenden Zeichenvorrats.

Der persönliche Filter (8) sorgt auch hier für eine *interne* Ausblendung, Aussortierung oder Färbung der entschlüsselten Reize. Was auf diesem Wege zur letzten Station *Informationsverarbeitung* (9) gelangt, dient dann als Basis für neue Reaktionen seitens des Empfängers, der dadurch in die *Sender*-Rolle überwechselt.

Anhand dieser Erläuterungen wird deutlich, dass bei den Kommunikationspartnern sehr viel mehr interne als externe Prozesse ablaufen. Gerade deshalb ist in der Kommunikation der *Sender* die kompetente Interpretationsquelle des abgesandten Reizes. Der *Empfänger* (Zuhörer) wird seinerseits Vermutungen und Hypothesen über die Bedeutung des Mitgeteilten haben. Letztlich bestätigen kann sie aber nur der *Sender*.

Die Kommunikation funktioniert also nach dem Regelkreismodell. Das heißt, dass jeder jeden durch sein Verhalten beeinflusst.

Wir haben es mit einem offenen *Verhaltenssystem* zu tun. Und *offen* heißt hier: Das Kommunikationssystem ist steuerbar, änderbar, beeinflussbar. Die Steuerungselemente sind dabei die Verhaltensweisen der beteiligten Personen. Diese Tatsache ist außerordentlich wichtig. Machen Sie sich bitte diesen Sachverhalt ganz klar.

Der Kybernetiker Norbert Wiener hat die *Systembedingtheit des Verhaltens* einmal treffenderweise wie folgt charakterisiert:

> „Ich weiß nicht, was ich gesagt habe, solange
> ich nicht die Antwort darauf gehört habe."

Und dem lässt sich hinzufügen:

> „Wahr ist nicht, was Sie gesagt haben, sondern
> wahr ist *auch*, was der Partner gehört hat."

Die Annahme, dass es in der zwischenmenschlichen Kommunikation so etwas wie eine eindeutige Beziehung zwischen einem Reiz und einer Reaktion gäbe, ist falsch und durch die Ergebnisse der Kommunikationsforschung längst widerlegt, aber anscheinend trotzdem unausrottbar.

Je mehr es mir in der Kommunikation gelingt, von der Vorstellung Abschied zu nehmen, dass es eine *vorgefertigte Reaktion* des anderen auf mich gibt, umso eher nehme ich den Partner ernst und begegne ihm vorurteilsfreier.

Was der Sender ausdrücken will, muss nicht beim Empfänger zum gewünschten Eindruck führen, denn jeder sieht sozusagen *durch seine eigene Brille*.

Zwischen dem ankommenden Reiz und der abgehenden Reaktion findet eine Verarbeitung des Reizes statt.

Welche Faktoren dabei diesen Verarbeitungsprozess mit beeinflussen, ist in Bild 1.3 dargestellt.

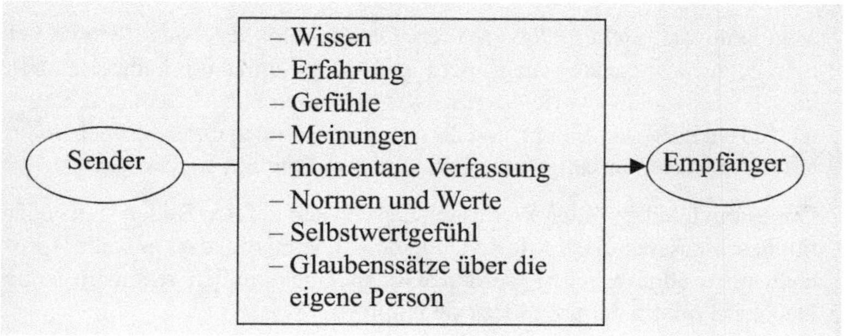

Bild 1.3: Einflussfaktoren bei der Informationsverarbeitung

Wir können also festhalten:

> Kommunikationsreize werden beim Empfänger in einem internen, für andere nicht sichtbaren Prozess verarbeitet.
> Die Reaktion des Empfängers ist nur das äußerlich sichtbare Resultat des internen Verarbeitungsprozesses, den wir als internen Dialog bezeichnen.

Denken Sie bitte einmal selbst darüber nach, wie oft Sie eine Aussage im *internen Dialog* umformuliert, verworfen oder abgeschwächt haben, bevor Ihr Gesprächspartner mit dem *Endprodukt*, nämlich Ihrer konkreten Aussage, konfrontiert wurde.

Und weil der Verarbeitungsprozess individuell verschieden ist, kann ein und derselbe Reiz bei verschiedenen Empfängern auch zu verschiedenen Eindrücken führen.

Natürlich spielt hier auch noch ein anderer, wesentlicher Faktor mit hinein: Die Eindeutigkeit des Reizes. Wer sich unklar, unpräzise, undeutlich ausdrückt, lädt sozusagen den Partner zu nicht gewollten Interpretationen seiner Aussage ein.

1.2 Die Bedeutung von Reizen

> „Verhalten hat vor allem eine Eigenschaft, die so grundlegend ist, dass sie oft übersehen wird: Verhalten hat kein Gegenteil.
>
> Man kann sich nicht *nicht* verhalten. Daraus folgt, dass man, wie immer man es auch versuchen mag, nicht *nicht* kommunizieren kann. Handeln oder Nichthandeln, Worte oder Schweigen haben alle Mitteilungscharakter: Sie beeinflussen andere, und diese anderen können ihrerseits nicht *nicht* auf diese Kommunikation reagieren und kommunizieren damit selbst.
>
> Der Mann im überfüllten Wartesaal, der vor sich auf den Boden starrt oder mit geschlossenen Augen dasitzt, teilt den anderen mit, dass er weder sprechen noch angesprochen werden will, und gewöhnlich reagieren seine Nachbarn richtig darauf, indem sie ihn in Ruhe lassen.
>
> Dies ist nicht weniger Kommunikationsaustausch als ein angeregtes Gespräch“ (Paul Watzlawick, Menschliche Kommunikation, 2007, Seite 51).

Es ist also offensichtlich *unmöglich, nicht zu kommunizieren.*

Alles, was Sie in einem Gespräch tun oder unterlassen, ist kommunikationspsychologisch gesehen für den Partner von Bedeutung. Und umgekehrt natürlich auch: Was der Partner tut oder unterlässt, ist für Sie von Bedeutung. Beide beteiligten Gesprächspartner nehmen das Verhalten des jeweilig anderen ständig – bewusst oder unbewusst – wahr und interpretieren und bewerten es. Die Wahrnehmungsqualität ist dabei umso besser, je mehr Bedeutungsebenen in einer Aussage vom Empfänger (Zuhörer) entschlüsselt werden können. Und die Qualität der Wahrnehmung beeinflusst ursächlich die Qualität der darauf aufbauenden eigenen Reaktion.

Welche Bedeutungsebenen in einer Aussage enthalten sind, werden wir ausführlich darstellen.

1.2.1 Die Sachebene und die Beziehungsebene

In der scheinbar so rational beherrschten Welt der Wirtschaft spielt die Sachinformation eine große Rolle. Mitunter hat es den Anschein, als ob der Mensch im Arbeitsleben dann besonders geschätzt wird, wenn er sich möglichst *sachlich* gibt.

Und bezeichnenderweise versucht man, auftretende Störungen in der Kommunikation bevorzugt auf eben dieser *Sachebene* zu beheben (und die Betonung liegt hier auf versucht!).

Wie das geht? Meist so: Man versucht, Widerstände mit noch rationaleren Argumenten zu widerlegen. Man versucht, sich noch präziser, ja vielleicht sogar hochgestochener auszudrücken.

Die Kommunikationspsychologie lehrt uns, dass die Sachebene nicht allein ausschlaggebend ist. Wenn wir mit einer Person kommunizieren, beziehen wir automatisch immer auch eine persönliche Stellungnahme zum anderen.

Der Sender drückt mit jeder Kommunikation also auf *zwei Ebenen gleichzeitig* etwas aus. Auf der *Sachebene* wird der sachliche Inhalt der Aussage transportiert. Auf der *Beziehungsebene* wird das persönliche Verhältnis der Partner zueinander bestimmt.

Sie werden sich jetzt wahrscheinlich fragen, ob man denn in der Kommunikation immer so genau diese beiden Ebenen unterscheiden kann. Die Antwort lautet: „Wenn Sie wissen, woran man die Ebenen erkennen kann, können Sie sie auseinanderhalten.“

Es sind vor allem die Kommunikationsreize aus dem nicht-sprachlichen Bereich, die die Beziehungsebene bestimmen. Dazu gehören: Tonfall, Sprechtempo, Gesichtsausdruck, Gestik, Körperhaltung, Blickkontakt und so weiter.

Es sei noch hinzugefügt, dass die Beziehungsebene viel weniger auffällig in der Kommunikation in Erscheinung tritt als die Sachebene. Und in einer gesunden Beziehung zwischen zwei Gesprächspartnern rückt die Beziehungsebene auch stärker in den Hintergrund. Sie gewinnt aber umso mehr an Bedeutung, je konfliktträchtiger die Beziehung ist.

Was beispielsweise auf den ersten Blick auf der Sachebene wie ein Ringen um eine zutreffende Formulierung aussieht, entpuppt sich auf den zweiten Blick als ein versteckter Kampf um die Definition der Beziehung zwischen den Gesprächspartnern. Es geht um die Frage: „Wer ist der Bessere von uns?“

Das bedeutet für die Kommunikation: Je konfliktträchtiger die Beziehung zwischen zwei Gesprächspartnern ist, desto stärker bestimmt die *Beziehungsebene die Leseart der Sachaussage.*

Generell gilt der Satz: „Die *Qualität der Beziehungsebene* bestimmt, wie die Aussage auf der Sachebene aufgefasst wird.“

Welche Beziehungsdefinitionen überhaupt denkbar sind, wollen wir jetzt eingehender behandeln.

Im Kommunikationsprozess nehmen die Beteiligten – meist unbewusst – eine sogenannte *Grundposition* ein. Diese Grundposition bestimmt ihr Verhalten. Sie kann während eines Gesprächs mehrfach wechseln. In den entscheidenden, weichenstellenden Gesprächsmomenten aber nimmt man bevorzugt *eine* Grundposition ein.

Wir unterscheiden insgesamt vier solcher Grundpositionen.

ICH + / DU + = Ich bin okay, und beim näheren Hinsehen gibt es keinen Grund, dich nicht auch als okay zu sehen. Es ist auch in Ordnung, dass du anderer Meinung bist als ich. Wir wollen gemeinsam Probleme lösen, zum beiderseitigen Wohl.

ICH + / DU – = Ich bin okay, du bist nicht okay. Ich werde dir sagen, wo dein Platz ist. Probleme sind deine Schuld, nicht meine. Wenn du nicht wärst, hätte ich keine Probleme. Ich werde also versuchen, dich loszuwerden.

ICH – / DU + = Ich bin nicht okay, du bist okay. Ich sehe, dass du der Stärkere bist, und mache, was du sagst. Es wird das Beste sein, wenn ich mich zurückziehe. Sag du mir doch, was ich tun soll. Ich halte mich erst mal mit meinen Forderungen, Ansprüchen, Wünschen usw. zurück.

ICH – / DU – = Ich bin nicht okay, du bist nicht okay. Und weil das so ist, will ich mit dir nichts erreichen. Es ist mir egal, was bei unserem Gespräch herauskommt. Wofür soll man sich noch anstrengen? Es hat ja alles sowieso keinen Sinn.

Wir schauen uns jetzt einmal an, wie denn diese Grundpositionen in einem konkreten Beispiel die Sachaussage färben können.

Ein Käufer sagt zu einem Verkäufer: „Wie meinen Sie das genau, können Sie mir das erklären?“ Das ist nun die *Sachaussage*.

Je nach dem, welches ICH-DU-Verhältnis die beiden zueinander haben, liest sich dieser Satz wie folgt:

ICH + / DU + = Du bist für mich kompetent. Wenn du mir das erklärst, dann weiß ich, dass es stimmt.

ICH + / DU – = Jetzt zeig mal. ob du was drauf hast. Ich bin gespannt, was dir jetzt Kluges einfällt.

ICH – / DU + = Drück dich doch bitte klarer aus. Ich kann dir nicht folgen. Du bist der Fachmann, ich bin auf dich angewiesen.

ICH – / DU – = Ich weiß nicht Bescheid, und so wie du dich ausdrückst, kapier ich das auch nicht. Aber versuchen wir das Unmögliche noch einmal, es wird ja doch nicht klappen.

Kommunikationsstörungen treten immer dann auf, wenn sich einer der Beteiligten gegen die Beziehungsfestlegung durch den anderen wehrt.

Zu bemerken ist dies an *zunehmenden* „Missverständnissen“, „So-habe-ich-das-nicht-gemeint-Aussagen“, falschen Interpretationen, Unterstellungen, schneller und lauter werdendem Sprechen, gegenseitigem „Sich-ins-Wort-fallen“, dem Beantworten von Fragen mit Gegenfragen und so weiter.

Woran liegt das? Nun, mit der Beziehungsfestlegung wird unter anderem das *Selbstwertgefühl* und *Selbstbild* des Partners angesprochen.

Und fragen Sie sich doch bitte selbst einmal: Möchten Sie gern in die DU-Position gedrängt werden? Bestimmt nicht.

Auch im Geschäftsleben ist die Beziehungsebene von weitreichender Konsequenz für die Qualität des Miteinander. Das hängt mit der einfachen und ebenso bedeutungsvollen Tatsache zusammen, dass jeder Mensch – wie Eric Berne es formuliert hat – einen Hunger nach Anerkennung hat (Spiele der Erwachsenen, 2008, S. 14).

Und durch die Art und Weise, wie wir mit unserem Gesprächspartner reden, teilen wir ihm *immer* auch mit, wie wir ihn annehmen, welchen Wert wir ihm beimessen. Auf der Beziehungsebene werden die Weichen für die Qualität des Verständigungsprozesses gestellt.

Hierzu einige Beispiele von Suggestivfragen, die ein Gesprächspartner einem anderen stellt:

> „Ich gehe doch recht in der Annahme, dass sie eigentlich sagen wollten..., nicht wahr?“
>
> „Sie sind doch ein verantwortungsbewusster Mensch, und denken, bevor Sie handeln – oder nicht?“
>
> „Sie haben doch sicherlich den Artikel über ... in der Zeitung gelesen, so dass wir von einer gemeinsamen Basis ausgehen können, nicht wahr?“

Wer häufig mit solchen Suggestivfragen arbeitet, signalisiert: ICH +/ DU – Im Klartext heißt das nämlich: Ich leg mal für dich fest, was du meinen sollst.

Damit wird über die Beziehungsbotschaft gleich zweierlei ausgedrückt:

1. Wie ich den Partner sehe.
2. Wie unser Verhältnis zueinander ist.

Soweit die Bedeutung der Sachebene und der Beziehungsebene in der Kommunikation. Wir werden gleich feststellen, dass es noch weitere Ebenen gibt, die für die Gestaltung einer partnerorientierten Kommunikation von Wichtigkeit sind.

1.2.2 Die Selbstmitteilungsebene und die Appellebene

Dem Kommunikationspsychologen Friedemann Schulz von Thun haben wir eine sehr bedeutsame Erweiterung des Ansatzes von Paul Watzlawik zu verdanken.

Neben der Sachebene und Beziehungsebene enthält eine Aussage auch noch eine *Selbstmitteilungs*-Ebene und eine *Appell*-Ebene.

Mit jeder Aussage, die ein Gesprächspartner macht, sagt er nicht nur etwas über die „Sache“, sondern über sich selbst, denn: „Worte sind die Währung der Gedanken.“

Die Art und Weise, wie ich etwas sage, etwas betone, herausstelle, desinteressiert oder engagiert vortrage, aggressiv oder zurückhaltend äußere, ängstlich oder draufgängerisch vermittle, besserwissend oder bescheiden darstelle, offenbart etwas über mich selbst.

Und diese *Selbstmitteilungsebene* ist außerordentlich wichtig für die richtige Einschätzung des Zustandes, in dem sich mein Gesprächspartner befindet. Oftmals weiß der Gesprächspartner ja gar nicht, was er neben der „Sache“ noch so alles an „Selbstmitteilungsbotschaften“ in seiner Aussage weitergibt. Wenn Sie also ein gutes Ohr für Selbstmitteilungen haben, bleibt Ihnen so manche Gesprächsstörung erspart, und Sie werden feststellen, dass sich hinter scheinbar lapidaren, beiläufigen Sätzen überraschende Informationen verbergen.

Nun drücken wir mit einer Aussage ja nicht nur etwas über die Beziehung, uns selbst und die Sache aus, sondern wir wollen in aller Regel eine *bestimmte Wirkung* beim anderen erzielen.

Und in einer zielgerichteten Kommunikation fragt sich der *Sender*: Was will ich bei meinem Partner erreichen? Dementsprechend hat jede Botschaft eine *Appell-Ebene*. Ein solcher Appell kann sich auf drei Zielpunkte beziehen:

1. Ich will erreichen, dass der Partner etwas tut oder unterlässt.
2. Ich will erreichen, dass der Partner ein bestimmtes Gefühl zeigt oder verbirgt.
3. Ich will erreichen, dass der Partner in einer bestimmten Art und Weise denkt.

Für die Qualität des Verständigungsprozesses kommt es entscheidend darauf an, mit welchen Mitteln ich als *Sender* Wirkung erzielen will.

Hier gibt es faire und unfaire Taktiken, offene und verdeckte Appelle. Und da Kommunikation nach dem *Regelkreis-Modell* abläuft, haben *Sender* **und** *Empfänger* gleichermaßen Anteil am Ergebnis der Kommunikation.

Wer deshalb Kommunikation verbessern will, ob zu Kunden, Mitarbeitern oder Kollegen oder im Familien- und Bekanntenkreis, der tut gut daran, in festgefahrenen Situationen nicht den Schuldigen zu suchen, denn: Bekanntlich sagen Schuldige selten die Wahrheit.

Wenn wir jetzt alle besprochenen Ebenen zusammenfassen, so erhalten wir das in Bild 1.4 dargestellte Kommunikationsmodell.

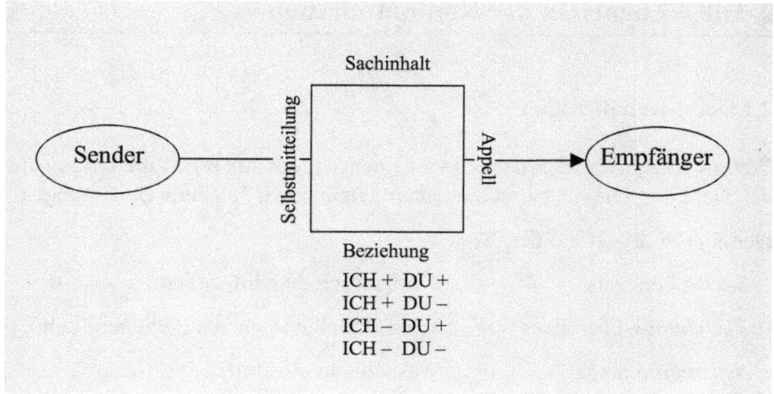

Bild 1.4: Die 4 Ebenen einer Aussage

Jede Aussage enthält mehr oder weniger deutlich erkennbar diese vier Kommunikations-Ebenen. Und wie sich das auf die *Sender-* und *Empfänger*-Rolle auswirkt, betrachten wir im nachfolgenden Kapitel (vgl. Friedemann Schulz von Thun, Miteinander reden, 2007, Seite 44 ff.).

2 Die 4 Ebenen in der Kommunikation

2.1 Der 4-Kanal-Sender

Wenn wir die Tatsache, dass es vier Ebenen einer Aussage gibt, einmal aus der Sicht des Senders betrachten, dann erhalten wir folgende Bedeutungen.

Der *Sender* drückt auf der

Sach-Ebene aus	=	Worüber ich dich informiere.
Beziehungs-Ebene aus	=	Wie ich dich und unsere Beziehung sehe.
Selbstmitteilungs-Ebene aus	=	Was ich von mir mitteile.
Appell-Ebene aus	=	Wozu ich dich veranlassen will.

Dieser Zusammenhang ist nachfolgend modellhaft dargestellt.

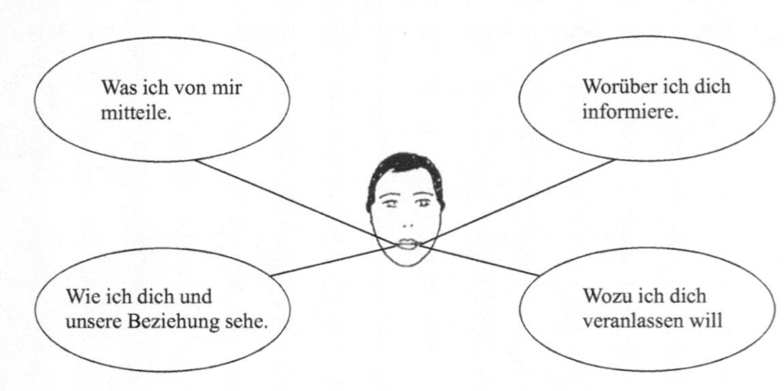

Bild 2.1: Die Bedeutungsebenen in der Sender-Aussage

Wir wollen diesen Zusammenhang an einem Beispiel näher betrachten. Ein Verkäufer sagt zu einem Kunden: „Die ganze Angelegenheit ist nicht so einfach, wie Sie denken. Bei so ausgefallenen Wünschen stellt sich die Kon-struktionsabteilung meist quer."

Damit hat der Verkäufer nun folgendes gesagt:

1. *Sache*	=	Die ganze Angelegenheit ist nicht so einfach usw.
2. *Beziehung*	=	Wenn alle Kunden so wären wie du, kämen wir nicht mehr zum Verkaufen (ICH + / DU –).
3. *Selbstmitteilung*	=	Ich fühle mich unter Druck gesetzt.
4. *Appell*	=	Überleg dir bitte eine einfachere Lösung.

Ein weiteres Beispiel.

Der *Kunde* sagt im Reklamationsgespräch zum Verkäufer: „Wie lange sind Sie denn schon bei der Firma?"

1. *Sache*	=	Wie lange sind Sie denn schon bei der Firma?
2. *Beziehung*	=	Wissen Sie überhaupt, wovon Sie reden? (ICH +/ DU –)
3. *Selbstmitteilung*	=	Ich habe kein Vertrauen zu Ihnen.
4. *Appell*	=	Finde endlich eine brauchbare Lösung.

Im konkreten Gespräch hat jetzt der Partner die Möglichkeit, auf einer der vier Ebenen anzusetzen. Es wird unter anderem auch von der Gesamtsituation abhängen, auf welcher Ebene er einsteigen will. Und ganz entscheidend ist natürlich, wie viele *Bedeutungsebenen* der Empfänger in seiner Zuhörer-Rolle überhaupt mitbekommt.

Was er potentiell alles hören könnte, ist im nächsten Punkt kurz skizziert.

2.2 Der 4-ohrige Empfänger

Der *Empfänger* einer Aussage kann diese mit 4 Ohren hören. Das geht zwar anatomisch gesehen nicht, aber psychologisch sehr wohl.

Sach-Ohr	=	Wie ist die Sache zu verstehen?
Beziehungs-Ohr	=	Wie sieht der mich? Wie redet der eigentlich mit mir?
Selbstmitteilungs-Ohr	=	Was ist mit dem los? In welchem Zustand befindet der sich?
Appell-Ohr	=	Was soll ich aufgrund der Aussage jetzt tun, fühlen oder denken?

Dieser Zusammenhang ist in Bild 2.2 modellhaft dargestellt.

Nun zeigt sich im Alltag immer wieder, dass wir, je nachdem mit wem wir reden, längst nicht mit allen vier Ohren zuhören.

Wir hören bei dem einen Gesprächspartner bevorzugt Beziehungsanteile in seiner Aussage, insbesondere dann, wenn wir uns selbst als ICH + sehen, und meinen, der Partner wolle uns ins DU – drücken. Bei anderen wiederum hören wir in allem und jedem Appellreize und reagieren dementsprechend.

Wie störungsfrei sich die Kommunikation gestaltet, ist wesentlich davon abhängig, welche Bedeutungsebenen beide Gesprächspartner beim Zuhören wechselseitig ausblenden.

Bild 2.2: Die 4 Bedeutungsebenen einer Aussage aus Empfängersicht.

Je besser Sie deshalb als Zuhörer in der Lage sind, die vier Bedeutungsebenen einer Aussage zu erfassen, umso mehr können Sie sich partnerorientiert und situationsangemessen verhalten.

Schauen wir uns jetzt die beiden Beispiele aus dem vorigen Abschnitt einmal aus der Sicht des Empfängers an.

Der Kunde hört:

1. *Sache*	=	Die ganze Angelegenheit ist nicht so einfach, wie Sie denken. Bei so ausgefallenen Wünschen stellt sich die Konstruktionsabteilung meist quer.
2. *Beziehung*	=	Du bekommst keine Extrawurst gebraten (Kunde –, Verkäufer +).
3. *Selbstmitteilung*	=	Ich kann mich intern nicht durchsetzen und befürchte Schwierigkeiten.
4. *Appell*	=	Lass die Finger davon.

Und in unserem Reklamationsbeispiel hört der Verkäufer:

1. *Sache*	=	Wie lange sind Sie denn schon bei der Firma?
2. *Beziehung*	=	Dein Vorgänger hat Ahnung, aber du bist eine Niete (Verkäufer –, Kunde +).
3. *Selbstmitteilung*	=	Ich bin verärgert über die Bearbeitung der Reklamation.
4. *Appell*	=	Fühle dich schuldig.

Die Analyse der beiden Aussagen nach den drei zusätzlichen psychologischen Ebenen hat gezeigt, was eine scheinbare „Sachaussage" so alles verbirgt. Hinzuzufügen ist noch, dass in den Beispielen je nach Beziehungsdefinition auch andere Interpretationen der Sachaussage denkbar sind.

Wer die vier Bedeutungsebenen einer Aussage entschlüsseln kann, dem bieten sich mehr Ansatzpunkte, Dialoge konstruktiv zu gestalten. Und das ist es ja, was die partnerorientierte Kommunikation ausmacht: Sich in die Lage des anderen zu versetzen, um ihn besser verstehen zu können.

Auf Dauer wird nur derjenige nutzenbringende Kontakte gestalten und fortführen können, der partnerbezogen kommuniziert. Wer auch immer kommuniziert, sollte sich weniger darum sorgen, eine gute Figur abzugeben, sondern sich vielmehr fragen: Wie könnten meine Äußerungen beim Gesprächspartner ankommen, auf ihn wirken?

Denn es gilt:

> Wahr ist immer auch, was der andere für wahr hält, und es gibt keine Garantie dafür, dass das, was Sie sagen wollen (Absicht), beim anderen auch so ankommt (Eindruck).

Der regelkreisförmige Charakter der menschlichen Kommunikation beweist dies tagtäglich. Und gerade in konfliktträchtigen, emotional aufgeladenen Situationen wird die Fähigkeit, Botschaften mit vier Ohren zu hören, von unschätzbarer Wichtigkeit.

Die *Sache* ist sehr oft nur die Spitze des Eisberges.

Und bei Eisbergen ist ja – wie wir alle wissen – gerade das gefährlich, was unter der Oberfläche schwimmt, weil der Tiefgang nur schwer auszuloten ist.

Hier braucht man die Fähigkeit, die *Psychologik* der Situation richtig auszuloten.

Je mehr ich als Gesprächspartner begreife, dass ich Bestandteil einer Situation bin, ein Element im offenen System „Kommunikation“, umso leichter fällt es mir, mich partnerbezogen zu verhalten.

Das nachfolgende Bild macht die unterschiedlichen Bedeutungsebenen noch einmal aus Sender- und Empfänger-Sicht deutlich.

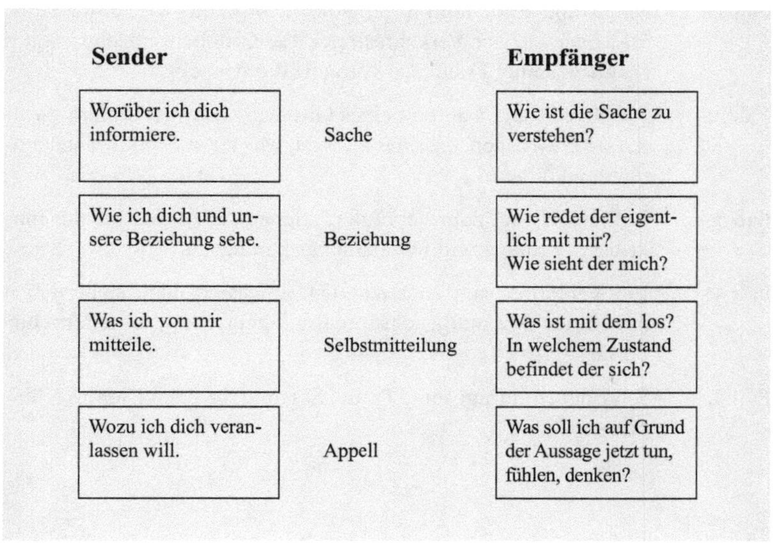

Bild 2.3: Vergleich der 4 Bedeutungsebenen nach Sender- und Empfängerrolle

Übung 1: Die vier Seiten einer Mitteilung

Bevor wir uns nun eingehender mit dem aktiven Zuhören befassen, haben Sie Gelegenheit, einige Übungen zu machen. Sie dienen dazu, das Grundmodell der 4-Ebenen-Kommunikation in den Griff zu bekommen.

Analysieren Sie bitte alle folgenden 5 Aussagen aus der Sicht des Empfängers.

Einen Lösungsvorschlag finden Sie auf Seite 24 f. Viel Erfolg!

Fall 1: Mann und Frau fahren gemeinsam im Auto. Die Frau fährt. 50 Meter vor der Verkehrsampel, die Grünlicht anzeigt, sagt der Mann zu seiner Frau: „Da vorne ist die Ampel grün."

Fall 2: Ein Kunde sagt während eines Gespächs zum Verkäufer: „Wollen sie etwa sagen, dass das alles ist, was sie an Konditionen einräumen können?"

Fall 3: Ein Kunde sagt zum Verkäufer: „Sehen sie zu, wie sie das hinkriegen. Montag will ich meine Sachen haben."

Fall 4: Ein Verkäufer sagt zum Kunden: „Sie sind doch sicherlich mit mir einer Meinung, dass man dagegen etwas unternehmen muss."

Fall 5: Ein Ehemann fragt seine Frau: „Sag mal, ist noch Bier im Kühlschrank?"

Fall 1:

---

1. Sache =

2. Beziehung =

3. Selbstmitteilung =

4. Appell =

Fall 2:

---

1. Sache =

2. Beziehung =

3. Selbstmitteilung =

4. Appell =

Fall 3:

---

1. Sache =

2. Beziehung =

3. Selbstmitteilung =

4. Appell =

Fall 4:

---

1. Sache =

2. Beziehung =

3. Selbstmitteilung =

4. Appell =

Fall 5:

---

1. Sache =

2. Beziehung =

3. Selbstmitteilung =

4. Appell =

Lösungen zu Übung 1

Fall 1: Sache	=	Da vorne ist die Ampel grün.
Beziehung	=	In Bezug auf Autofahren bin ich der Bessere. (ICH + / DU –)
Selbstmitteilung	=	Ich fühle mich unwohl, wenn du so langsam fährst. Oder Ich mache mir Sorgen, dass ich nicht pünktlich bin.
Appell	=	Gib Gas! (Handeln)
Fall 2: Sache	=	Wollen Sie etwa sagen, dass das alles ist, was Sie an Konditionen einräumen können?
Beziehung	=	Ich bin der Stärkere von uns, gleich gibt's was. (ICH + / DU –)
Selbstmitteilung	=	Ich ärgere mich über solch ein Angebot. Oder Ich fühle mich auf den Arm genommen.
Appell	=	Lass dir eine bessere Lösung einfallen. (Denken)
Fall 3: Sache	=	Sehen sie zu, wie sie das hinkriegen. Montag will ich meine Sachen haben.
Beziehung	=	Sie strengen sich nicht genug an. Wenn sie wollten, dann könnten sie. (ICH + / DU –)
Selbstmitteilung	=	Ich bin im Druck. Oder Ich bin wütend über die Art der Auftragsabwicklung.

	Appell	=	Tu etwas, damit ich pünktlich meine Ware bekomme. (Handeln) Oder Lass dir eine brauchbare Lösung einfallen. (Denken) Oder Fühle, dass du Ärger kriegst, wenn's nicht klappt. (Fühlen)
Fall 4:	Sache	=	Sie sind doch sicherlich mit mir einer Meinung, dass man dagegen etwas unternehmen muss
	Beziehung	=	Ich weiß, was für sie richtig ist. (ICH + / DU –)
	Selbstmitteilung	=	Ich bin empört.
	Appell	=	Schließ dich mir an (im Denken, Handeln und Fühlen).
Fall 5:	Sache	=	Sag mal, ist noch Bier im Kühlschrank?
	Beziehung	=	Du wirst doch hoffentlich für Nachschub gesorgt haben. (ICH + / DU –) Oder Ich habe nicht für Nachschub gesorgt. Du vielleicht? (ICH –/ DU +)
	Selbstmitteilung	=	Ich habe Lust auf ein Bier.
	Appell	=	Besorg mir ein Bier. (Handeln)

Man kann fast jede Aussage nach den vier möglichen Beziehungsdefinitionen durchspielen. Sie erhalten dann auch andere Selbstmitteilungen und Appelle. Wenn Ihre Antworten in Richtung der hier gemachten Lösungen gehen, dann haben Sie gut „gehört“. Vielleicht sind Sie ja auch auf Lesearten gestoßen, die dem Autor nicht in den Sinn gekommen sind. Dann herzlichen Glückwunsch für das gute Gespür.

Diese Übung sollte Sie zunächst einmal für aufmerksames Zuhören sensibilisieren. Sie werden in diesem Buch noch weitere Übungen finden, die es Ihnen ermöglichen, sich intensiv mit der dargestellten Thematik auseinanderzusetzen. Wenn Sie jetzt wissen wollen, was bislang Ihr typisches Reaktionsverhalten in Gesprächen war, dann bearbeiten Sie bitte die Übung, die Sie im Anhang auf den Seiten 103 bis 110 finden.

Was Sie konkret tun müssen, ist dort genau beschrieben. Viel Spaß dabei.

3 Zuhören – Eine vernachlässigte Dimension in Gesprächen

Zuhören ist der halbe Erfolg, so wird es jedenfalls oft behauptet. Und wenn das stimmt, dann ist das gekonnte Zuhören ein nicht unbeträchtlicher Erfolgsfaktor in Gesprächen. Nun liegen zwischen der Erkenntnis, sinnvoller Weise etwas zu tun, und dem tatsächlichen Verhalten, bekanntlich oft Welten.

Stellen wir uns deshalb einmal ganz bewusst die Frage, wie es um unsere Zuhörfähigkeit bestellt ist. Können *Sie* richtig zuhören? Haben *Sie* jemals in Ihrer bisherigen schulischen und beruflichen Ausbildung etwas darüber gelernt, wie Sie effektiv zuhören können? Wenn Sie beide Fragen mit *Nein* beantwortet haben, befinden Sie sich in guter Gesellschaft.

Untersuchungen über Zuhör-Verhalten haben folgendes ergeben:

1. Im Durchschnitt verbringt der Mensch 80 % seiner *Wachzeit* damit, zu kommunizieren.

2. Diese 80 % Kommunikationsaktivität verteilen sich wie folgt:

   45 % entfallen auf das Zuhören
   30 % entfallen auf das Reden
   16 % entfallen auf das Lesen
   9 % entfallen auf das Schreiben

3. Demgegenüber steht die nüchterne Feststellung, dass die Kommunikationsfähigkeit, die wir am meisten benötigen, am wenigsten gelehrt wird.

   Unser Zuhör-Verhalten ist folglich nicht das Ergebnis angemessener Übung, sondern vielmehr der Mangel an Übung.

Wir können als Fazit dieser Untersuchungsergebnisse folgendes festhalten:

Fast die Hälfte unserer Kommunikationszeit verbringen wir in der Rolle des *Zuhörers*, aber darüber, wie man richtig zuhört, haben wir so gut wie nichts gelernt.

„Am besten überzeugt man mit den Ohren, indem man mit ihnen zuhört“, so jedenfalls hat es der ehemalige amerikanische Außenminister Dean Rusk einmal formuliert.

Und mit *Zuhören* ist nicht der physikalische Vorgang des Empfangens von Schallwellen gemeint, sondern das verstehende Zuhören, das als Grundlage für die darauf folgende eigene Reaktion dient.

Lange Zeit hat man in der Vermittlung von Gesprächsführungstechniken versucht, die Sender-Rolle zu perfektionieren, also jene 30 % Redeanteil. Für's Zuhören wurde so gut wie nichts getan.

Obwohl die wenigsten Menschen wissen, wie man „richtig" zuhört, halten die meisten sich für ganz gute Zuhörer. Allerdings handelt es sich wahrscheinlich bei dieser Art des Zuhörens um das sogenannte „passive Zuhören", das wir nachfolgend näher beschreiben.

3.1 Passives Zuhören

Der amerikanische Psychologe Franklin Ernst beschreibt in seinem Buch „Who's listening?" (Wer hört zu?) zwei Zuhörgewohnheiten, die sehr weit verbreitet sind und die in die Kategorie *„passives Zuhören"* fallen.

Er unterscheidet beim Zuhören zwischen den Verhaltensweisen „Rückzug" und „Abtasten". Sie lassen sich wie folgt charakterisieren:

1. *Rückzug*

   Rückzug zeigt sich darin, dass der Kontakt mit dem Gesprächspartner vermieden wird. Man hat sozusagen „äußerlich abgeschaltet" und ist „downtime", also im inneren Dialog, mit etwas anderem beschäftigt.

   Typische Erkennungsmerkmale dafür sind: Vermeidung von Blickkontakt, häufige Klischee-Bejahungen, wie ja, hm, ach, Kopfnicken usw., wenig Gestik und wenig Bewegungen des Oberkörpers, Lidbewegungen in größeren Zeitintervallen von 4 bis 6 Sekunden.

   Viele Gesprächspartner fühlen sich dadurch verunsichert, abgewertet, ja vielleicht sogar bedroht, und reagieren dementsprechend vorsichtig oder aggressiv. Das Gesprächsklima verschlechtert sich zunehmend. Ein Vorgang, der sehr oft in Gruppensituationen (zum Beispiel in Besprechungen) zu beobachten ist, wo Personen sich zurückziehen.

2. *Abtasten*

Bei dieser Zuhörgewohnheit wird im Kontakt mit dem Gesprächspartner bevorzugt festgestellt, ob in dem Gesagten nützliche Informationen für uns stecken. Wir hören nur selektiv zu. Was interessiert, wird aufgegriffen, der Rest wird übergangen. Die Steuerung des Partners erfolgt ausschließlich auf Gesprächsinhalte, die für mich wichtig sind.

Typische Erkennungsmerkmale dafür sind:

- ständiger Wechsel von aktiver und passiver Körperhaltung
- häufige Ungeduldsreaktionen
- Schlagworte und Reizaussagen werden besonders gewichtet
- häufiger Versuch zu thematischen Sprüngen im Gespräch
- dem Partner ins Wort fallen
- zu viele Klischee-Bejahungen, die Langeweile ausdrücken
- innerlich wird die eigene Reaktion schon vorformuliert, statt zuzuhören

Wenn Sie sich an Gespräche erinnern, die Sie mit verschiedenen Personen in letzter Zeit geführt haben, dann versuchen Sie doch bitte einmal festzustellen, welche Form des *passiven Zuhörens* Sie bevorzugt angewandt haben. Erfahrungsgemäß ist das abtastende Zuhören vorherrschend.

Das ist auch erklärlich, weil in der Kommunikation, insbesondere im Geschäftsleben, schnelles Reagieren – sprich schnelles Reden und Argumentieren – so eine Art „Leistungsmerkmal" darstellt.

Ein weitverbreiteter Mythos heißt: *„Wer schnell antwortet, ist ein schneller Denker."* Wer das als Prüfkriterium für seine eigene Kommunikationsfähigkeit nimmt, der kann sich gar nicht auf's richtige Zuhören konzentrieren. Der wird schon die nächste Frage formulieren, während der Partner noch redet. Wenn Sie aber selbst mit der *internen Formulierung* einer Frage beschäftigt sind, sich sozusagen auf Ihren *nächsten* „Auftritt" vorbereiten, dann hören Sie nur noch mit einem Ohr. Sie sind dann bei sich selbst (down-time) und nicht beim Partner (up-time).

Deshalb besteht auch die Gefahr, dass die dann folgende Reaktion nicht den wahren Kern trifft. Mal ganz abgesehen von der Tatsache, dass dem Partner solches Verhalten nicht verborgen bleibt. Wenn Sie zukünftig in irgendeinem

Gespräch mit der Frage konfrontiert werden, ob Sie überhaupt zugehört haben, dann waren Sie zumindest für Ihren Partner *„down-time"*.

Mit *passivem* Zuhören kann man deshalb bestenfalls signalisieren, dass man akustische Reize empfangen hat. Man kann aber nicht demonstrieren, dass man den Partner verstanden hat.

Auch die eilfertige Aussage eines Zuhörers, dass alles klar ist, fällt in die Kategorie „passives Zuhören", denn um das zu dokumentieren, müsste er den Beweis antreten. Mit anderen Worten: *„Gesagt heißt nicht verstanden und verstanden heißt nicht einverstanden."*

Die enorme Störanfälligkeit der menschlichen Kommunikation macht es unbedingt erforderlich, Rückkoppelungen darüber herzustellen, wie das Gesagte empfangen, sprich gehört wurde.

Und da jeder durch seine Brille sieht, ist nicht das wahr, was der andere sagt, sondern auch das, was man selbst gehört hat. Wer also den Gesprächspartner wirklich verstehen will, der sollte *aktiv* und nicht passiv zuhören.

Aktives Zuhören ist nun aber mehr als nur eine Technik der Gesprächssteuerung: *Es ist eine Frage der Grundeinstellung zum Gesprächspartner.*

Und wenn man einer Aussage des bekannten Konsumentenverhalten-Forschers Ernest Dichter trauen darf, die dieser 1982 auf dem Deutschen Führungskräftekongress gemacht hat, so wird zukünftig in der geschäftlichen Kommunikation das *aktive Zuhören* und die *Körpersprache* wichtiger sein als das Reden.

Gefragt ist demnach in Zukunft nicht der Überredungskünstler, der Vielredner und rhetorische Blender, der die Leute über den Tisch zieht, sondern der *partnerorientierte Gesprächsführer.*

Das heißt auch, dass man Widerstände gegen Handlungen beim Namen nennen muss, um damit Einwände vorwegzunehmen, die unser Gesprächspartner nicht mutig genug ist, selbst zu äußern.

Wer dauerhaft Menschen zu Handlungen bewegen will, kann das nur über einfühlsames Verstehen ihrer Beweggründe. Aktives Zuhören setzt deshalb die Grundposition ICH + / DU + auf der *Beziehungs*-Ebene voraus.

3.2 Aktives Zuhören

3.2.1 Das Bild vom Gesprächspartner beim aktiven Zuhören

Aktives Zuhören ist in allererster Linie eine Frage der *Grundeinstellung* zum Gesprächspartner und erst in zweiter Linie eine Frage der Beherrschung von Kommunikationstechniken. Wer seinen Partner nicht als gleichwertig annimmt, dem wird es schwerfallen, zuzuhören.

Es bedarf schon eines gerüttelten Maßes an Eigenkontrolle, um nicht sich selbst, sondern den Gesprächspartner als Mittelpunkt der Kommunikation zu sehen. Wie gerne reden Menschen über sich selbst, statt zuzuhören.

Die überbetonte *ICH-Bezogenheit* ist das Ergebnis einer ständigen Angst vor dem „Zu-kurz-kommen", dem „Zeigen-müssen", was man alles kann und wie viel man Wert ist. Die ICH-Bezogenheit ist der Kontrapunkt zur Partnerorientiertheit. Je stärker dieses Persönlichkeitsmerkmal ausgeprägt ist, umso weniger wird eine Person den Willen und die Fähigkeit zum aktiven Zuhören besitzen.

Die Grundannahmen des aktiven Zuhörens basieren auf der Theorie der „nicht-direktiven Gesprächsführung", die der amerikanische Psychologe Carl Rogers entwickelt hat.

Zum besseren Verständnis des theoretischen Hintergrundes beim aktiven Zuhören werden wir uns kurz mit den Kernaussagen von Carl Rogers beschäftigen.

Eine nicht-direktive, d. h. partnerorientierte Gesprächsführung zeichnet sich vornehmlich dadurch aus, dass man auf Ratschläge, das Anbieten von Lösungen, direkte Fragen, Interpretationen usw. verzichtet.

Rogers geht davon aus, dass der Klient im Beratungsgespräch sehr wohl selbst in der Lage ist, sein Problem angemessen zu beschreiben und auch Lösungen zu entwickeln. Bewusst oder unbewusst weiß jeder Mensch über sich selbst mehr, als es auf den ersten Blick aussieht. Gleichzeitig muss gesagt werden, dass der Mensch nichts so oft brachliegen lässt, wie gerade diese Kenntnisse über sich selbst. Wie oft haben Sie schon im *internen* Dialog mit sich selbst Lösungen für ein Problem durchgespielt, bevor Sie sich an einen

Freund, Kollegen oder neutralen Dritten mit der Bitte um ein Gespräch gewandt haben?

Und wie war Ihnen zumute, als Ihr Gesprächspartner auf Ihre Fragen und Aussagen hin anfing, sofort eine Lösung zu präsentieren, zu beruhigen, das Problem umzudefinieren, zu bagatellisieren, zu warnen und zu moralisieren?

Vielleicht wollten Sie ja selbst erst mal Klarheit in Ihre Gedanken bringen. Sie erhofften im Gespräch eine Auslotung der Sie bedrückenden Fragen, ein Abbauen der eigenen Unsicherheit.

Sie wären prinzipiell bereit gewesen, Ihre Befürchtungen, Vorbehalte, Hoffnungen und entwickelten Lösungsansätze zu diskutieren. Und jetzt? Jetzt müssen Sie sich mit all diesen gutgemeinten Aussagen herumschlagen. Wenn es so war, wie hier beschrieben, dann war das *keine* partnerorientierte Gesprächsführung.

Menschen vertragen es in aller Regel nicht, wenn man ihre Probleme *klaut.* Und *„Problemklau"* ist die häufigste, nicht bestrafte Form des Diebstahls. Wir wissen aus der Beratungspraxis sehr genau, dass der Ratsuchende in der ihn krankmachenden, passiven und unselbständigen Haltung verharrt, wenn der Berater versucht, ein Problem *für ihn* zu lösen. Und der Berater *kennt nie alle Aspekte, die relevant sind.*

Genau das aber gilt auch für die Kommunikation im Geschäftsleben.

Thomas Gordon hat sehr treffend herausgearbeitet, dass Unterschiede in der Problemlösung in der therapeutischen Kommunikation und in der Kommunikation im Wirtschaftsleben kaum vorhanden sind.

Effektiv ist Kommunikation immer dann, wenn sie zur Problemlösung führt. Problemlösend kann sie aber nur sein, wenn sie *partnerorientert* verläuft.

Deshalb gilt:

> Der Gesprächspartner ist in der Lage, sein Problem alleine zu beschreiben, denn er kennt es am besten. Er hat im Regelfall auch schon Vorstellungen über Lösungsansätze.

Demzufolge ist aktives Zuhören geboten, wenn Sie wirklich helfen und nicht bloß den Retter spielen wollen. Retter haben überdies meist die unangenehme

Angewohnheit, verdeckt oder offen auf der Beziehungs-Ebene ICH +/DU – zu signalisieren. Und wenn man sich nicht retten lassen will, gehen sie manchmal sogar dazu über, zu verfolgen, und zwar nach dem Motto: „Wenn nicht im Guten, dann eben im Bösen."

In der problemlösenden, partnerorientierten Kommunikation reden deshalb nicht Sie am meisten, sondern Ihr Partner.

Das bedeutet:

Sie hören ihm konzentriert zu.

Sie haben die Absicht, ihn zu verstehen.

Sie versetzen sich in seine Lage.

Sie sprechen seine Gefühle an.

Jetzt werden Sie sich vielleicht die Frage stellen, welche Gründe für das aktive Zuhören sprechen, und warum Sie sich in Gesprächen zukünftig häufiger so verhalten sollten.

Nun, es gibt zweifelsfrei zwei Faktoren, die für die persönliche Entwicklung und gesunde zwischenmenschliche Beziehung von großer Bedeutung sind: *Empathie und Bejahung des Partners* (vgl. Thomas Gordon, Die Managerkonferenz, 2005, S. 67).

Unter *Empathie* versteht man die Fähigkeit, aus sich selbst herauszugehen, sich in die Lage des anderen zu versetzen, das persönliche Universum des Partners und seine Bedeutungswelt zu verstehen.

Und genau dies ist durch aktives Zuhören zu erreichen. Dadurch wird dann auch ein Klima erzeugt, das einer Problemlösung förderlich ist.

Bejahung des Partners heißt, ihn zunächst so zu akzeptieren, wie er ist. Und akzeptieren bedeutet nichts anderes als *annehmen*, nicht etwa gutheißen.

Durch die *Bejahung* teilen Sie dem Partner mit:

Ich höre, was DU empfindest.

Ich verstehe DICH so, wie DU jetzt bist.

Ich begreife, wie DU die Sache momentan siehst.

Ich bin interessiert und nehme Anteil an DEINEM Problem.

Ich will DICH nicht verändern.

Ich fälle kein Urteil über DEIN Verhalten.

DU brauchst keine Befürchtungen vor meiner Kritik zu haben.

Was ist nun die Folge des aktiven Zuhörens?

Wenn Sie sich im Gespräch partnerorientiert verhalten, tritt oft Erstaunliches ein: Voreingenommenheit und Abwehrverhalten gehen zurück. Sie selbst werden zunehmend sicherer. Die Aussagen werden klarer, legen den wahren Problemkern frei. Ihr Partner fühlt sich angenommen, akzeptiert und öffnet sich.

In jeder Gesprächssituation stehen wir ja vor der Frage, ob wir direkt „führen“ (leading) oder den Partner erst einmal „begleiten“ wollen (pacing). Wer aktiv zuhört, entscheidet sich damit für *„pacing“*. Das heißt dann auch konkret, dass ich mich dem Tempo meines Partners anpasse, ihn dort abhole, wo er momentan verhaltens- und gefühlsmäßig steht.

Gerade in der Kommunikation im Arbeitsalltag wollen die meisten Menschen sofort „führen“. Sie stellen eine Frage nach der anderen und spüren nicht, wie der Partner sich zurückzieht, sich bedrängt fühlt, ausweichende und unverbindliche Antworten gibt.

Haben Sie sich schon einmal die Frage gestellt, warum sich Ihr Gesprächspartner eigentlich in der Kommunikation bedingungslos von Ihnen führen lassen sollte? Er kennt Sie ja noch gar nicht, weiß nicht, wo Sie ihn hinführen wollen, wie schnell Ihr Schritttempo ist.

Und das gilt auch für Personen, die wir schon länger kennen. Immer wenn es um problemlösende Kommunikation geht, fangen wir ein Stück weit wieder von vorne an. Das ist es ja, was vielen Menschen – besonders in Führungspositionen – so schwerfällt zu verstehen: *Wer führen will, muss erst einmal begleiten.*

Vertrauen und Offenheit in der Kommunikation sind das Ergebnis eines ständigen Prozesses und nicht das Resultat einer einmalig gelungenen Bemühung.

Voraussetzung für das aktive Zuhören ist das *Eingehenwollen* auf den Partner. Jetzt fragen Sie sich bitte selbst einmal, ob das überhaupt geht, wenn Sie von sich oder dem Partner ein negatives Bild haben. Mit Sicherheit nicht. Das heißt mit anderen Worten: *Wenn Sie aktiv zuhören, sind Sie selbst positiv gestimmt.*

Das ist eine ganz wichtige Voraussetzung, denn Ihre *Grundposition* überträgt sich auf Ihren Gesprächspartner. Und positive Gestimmtheit öffnet die Kommunikation, negative hingegen verschließt sie.

Zusammenfassend lassen sich folgende 5 Punkte nennen, die die *Grundhaltung des aktiven Zuhörers* charakterisieren.

- *Ehrliches Interesse.*

  Der Zuhörer ist konzentriert bei der Sache. Er tritt ohne vorgefasste Meinung oder Vorurteile dem Partner gegenüber. Der Partner wird aus der ICH + / DU + Position angenommen.

- *Eine nicht-beurteilende Haltung.*

  Es wird nicht kritisiert, es wird kein guter Rat erteilt, und es werden keine Schuldgefühle wachgerufen, sondern es wird fördernd und akzeptierend reagiert.

- *Eine nicht-dirigistische Haltung.*

  Es wird nicht etwas zu bestätigen gesucht, was man schon vorher angenommen hat. Dazu zählt auch der weitgehende Verzicht auf das sofortige Anbieten von Problemlösungen. „Pacing“ kommt vor „leading“.

- Es ist die *echte Absicht* vorhanden, den Partner in seiner Sprache zu verstehen, in seinen Begriffen zu denken und die Bedeutung der Situation aus *seiner Sicht* zu erfassen.

- Ein *stetiges Bemühen* um objektive und kontrollierte Gesprächsführung.

Nun werden Sie vielleicht einwenden, dass ein derartiges Verhalten in beratenden Berufen von Nutzen ist, jedoch auf Alltagskommunikation, geschweige denn Verhandlungen und Mitarbeitergespräche, weit weniger anwendbar ist. Das ist aber nur vordergründig so. Gerade im Berufsalltag suchen ja viele Menschen – insbesondere solche in Führungspositionen – nach neuen Wegen im Umgang mit anderen. Viele sind sich der Tatsache bewusst, dass sie ihre Kommunikationsqualität verbessern können, wollen oder müssen. Besserer Umgang mit anderen Menschen gelingt aber meist nur dann, wenn ich bei mir selbst den Anfang mache.

Wenn wir darauf warten, dass andere Personen ihr Verhalten ändern, dauert das sehr oft bis zum „Sankt-Nimmerleins-Tag“. Und wer eine Verbesserung der Kommunikation aus der ICH + / DU – Position heraus erwartet, wird darauf vermutlich lange warten müssen. Es gibt sicherlich unterschiedlich intelligente Menschen, aber es gibt kaum *emotionale Analphabeten.*

Selbstverständlich ist aktives Zuhören kein Wundermittel, es ist kein Allheilmittel. Aktives Zuhören funktioniert auch nicht immer, aber viel häufiger, als Sie das bisher vielleicht geglaubt haben.

Und vor allem: Es verlangt *Training, Methode* und *ständiges Bemühen.* Und durch *stetiges Üben* wachsen Sie in diese Grundhaltung hinein.

Es hindert Sie niemand daran, beim nächsten Gespräch schon aktiv zuzuhören. Sie werden dann auch erleben, was Sie alles damit erreichen können.

Und damit Sie nicht in der falschen Situation mit dem aktiven Zuhören beginnen, schauen wir uns im nächsten Abschnitt kurz an, was man nicht tun sollte, nämlich Probleme klauen.

3.2.2 Die Philosophie des Problembesitzes

Wir kommen oftmals in Situationen, wo wir andere Menschen für bestimmte Ziele und Handlungen gewinnen wollen. Es wäre schön, wenn die anvisierten Ziele auch immer die der Beteiligten wären, wenn also Übereinstimmung bestünde. Das ist aber oft nicht der Fall, weil Menschen unterschiedliche Bedürfnisse haben. Aus diesem Grunde können wir häufig mit Widerständen rechnen. Und erst wenn diese *Widerstände* gelöst sind, handeln Menschen motiviert und überzeugt. Ein (vermutlich!) weiser Mensch hat einmal gesagt, dass man Widerstand am besten dadurch löst, dass man ihn streichelt. Und in der Therapie gilt der Satz: *„Widerstand ist die Dummheit des Therapeuten.“*

Dieser Satz ist übertragbar auf viele Widerstände in Alltagsgesprächen. Nur lautet er dann: *„Widerstand ist die Dummheit des Gesprächsführers.“*

Im Alltag besteht ja leider die am meisten verbreitete Form, Widerstände zu beseitigen, darin, dem Partner zu sagen, wie er sich tunlichst zu verhalten hat, was er falsch macht, was er zukünftig tun und fühlen darf und so weiter. Solches Verhalten erhöht Widerstand. Je stärker aber der Widerstand ist, umso mehr Energie wird gebunden, die für konstruktive Lösungen dann fehlt. Es ist so, wie wenn man einen Ball unter Wasser drücken will: Je tiefer man den Ball drückt, umso mehr Kraft benötigt man, und anschließend schießt er unkontrolliert aus dem Wasser heraus.

Betrachten wir einmal einige Beispiele aus dem beruflichen Alltag, die Probleme schaffen:

Ein Mitarbeiter arbeitet zu langsam.

Ihr Vorgesetzter informiert sie nicht ausreichend.

Ein Kollege ist am Telefon zu knapp und unhöflich.

Ein Mitarbeiter führt in Besprechungen dauernd Nebengespräche.

Ein Mitarbeiter übt sich in dauernder Selbstdarstellung.

Im Vergleich dazu gibt es andere Situationen, die signalisieren, dass in Lernprozessen Schwierigkeiten auftauchen.

Ein Lernender sagt zum Beispiel:

„So hab ich das bislang immer abgerechnet.“

„Was ist denn bloß so falsch an meiner Arbeitsmethode?“

„So machen *Sie* es vielleicht.“

„Ich versteh überhaupt nicht, was Sie da von sich geben.“

„Das geht mir viel zu schnell.“

Schreiben Sie jetzt bitte einmal kurz auf, worin Sie den wesentlichen Unterschied in den beiden Beispielgruppen sehen.

Beispiele der Gruppe 1

Beispiele der Gruppe 2

Die beiden Beispielsammlungen unterscheiden sich darin, wer im *Besitz des Problems* ist. In der ersten Gruppe sind Verhaltensweisen beschrieben, die *Ihnen* Probleme bereiten. In der zweiten Gruppe sind Verhaltensweisen aufgeführt, die darauf hindeuten, dass *Ihr Partner* das Problem besitzt. Was bedeutet nun dieser Unterschied für unsere Verhaltensorientierung? Immer dann, wenn wir auf Menschen einwirken wollen, ist zu allererst die Frage zu *stellen: Wer ist der Problembesitzer – ich oder mein Partner?*

Problembesitzer – egal wer – haben eines gemeinsam: *Ihre Bedürfnisse werden nicht zufriedengestellt.*

Wenn *Sie* der Problembesitzer sind, dann werden *Ihre* eigenen Bedürfnisse nicht ausreichend zufriedengestellt. Ist Ihr Partner der Problembesitzer, dann wird ein Teil seiner Bedürfnisse unbefriedigt sein.

Für Sie ist es deshalb wichtig zu wissen, wer der *echte Problembesitzer* ist, denn wenn Sie nun mit Ihrem Partner reden, ist das für den *Verlauf* und das *Ergebnis* des Gesprächs von großer Bedeutung.

In der folgenden Übersicht sind in Anlehnung an Thomas Gordon die kommunikativen Grundeinstellungen bei unterschiedlichem Problembesitz dargestellt (vgl. Thomas Gordon, Managerkonferenz, 2005, S. 99).

Problembesitzer ist *Ihr* Partner	Problembesitzter sind *Sie* selbst
– Jetzt haben Sie die Zuhörer-Rolle.	– Jetzt haben Sie die Sender-Rolle
– Jetzt wirken Sie beratend.	– Jetzt wirken Sie beeinflussend.
– Jetzt wollen Sie in erster Linie helfen.	– Jetzt wollen Sie in erster Linie sich selbst helfen.
– Jetzt geben Sie Feedback.	– Jetzt wollen Sie Feedback haben.
– Jetzt erleichten Sie dem Partner die Lösungsfindung.	– Jetzt wollen Sie selbst eine Lösung finden.
– Jetzt müssen Sie mit der Lösung nicht zufrieden sein, sondern sie lediglich akzeptieren.	– Jetzt muss die Lösung für Sie befriedigend sein.

- Jetzt haben Sie großes Interesse an der Bedürfnisbefriedigung Ihres Partners.
- Jetzt wollen Sie zunächst Ihre eigenen Bedürfnisse befriedigen.
- Jetzt können Sie passiver sein.
- Jetzt sind Sie bestimmender.

Aus diesen *„Besitzverhältnissen"* lassen sich nun zwei ganz wichtige Regeln ableiten:

1. Wenn Ihr *Partner* Problembesitzer ist, dann wenden Sie Beratungstechniken an. *Sie hören dann aktiv zu.*
2. Wenn Sie *selbst* Problembesitzer sind, dann verwenden Sie Selbstbehauptungstechniken. *Sie senden ICH-Botschaften.*

Thomas Gordon weist zurecht darauf hin, dass die *Philosophie des Problembesitzes* ein wichtiges Kernstück auf dem Weg zu einem partnerorientierten Problemlösen ist. Und aktives Zuhören ist immer dann geboten, wenn Ihr Partner Problembesitzer ist. Was Sie tun können, wenn Sie selbst Problembesitzer sind, wird im siebten Kapitel ausführlich dargestellt.

Wir befassen uns jetzt zunächst einmal mit dem aktiven Zuhören.

In den vorangegangenen Ausführungen haben wir festgestellt, dass man eine Nachricht mit vier Ohren hören kann, und zwar mit dem Sach-Ohr, Beziehungs-Ohr, Selbstmitteilungs-Ohr und Appell-Ohr.

Aktives Zuhören versetzt uns nun in die Lage, sämtliche Mitteilungsebenen einer Aussage zu erfassen. Und in dem Bemühen, eine verständnisvolle und problemlösende Kommunikation herzustellen, ist dies ein elementarer Schritt.

Die Techniken des aktiven Zuhörens zielen auf unterschiedliche Mitteilungsebenen. Wir unterscheiden zwischen zwei generellen Reaktionsweisen: *Dem Paraphrasieren und dem Verbalisieren.*

Paraphrasieren bedeutet, dass der aktive Zuhörer die Sender-Aussage mit eigenen Worten wiederholt. Dabei geht es *nicht* um ein *echo-haftes Widerspiegeln*, sondern um eine Erfassung der *sachlichen Kernaussage* des Sprechers. Das ist zugleich die einfachste Form der Rückkopplung. Mit ihr präsentiert der Zuhörer dem Sprecher die eigene Aussage zur Prüfung der sachlichen Richtigkeit. Beide Gesprächspartner haben so die Möglichkeit, *Verstehenslücken* im Gespräch aufzudecken und zu beseitigen.

Die Praxis der Gesprächsführung zeigt, dass die Paraphrasierung häufig *falsch* ist. Das heißt, dass der Sender die Wiederholung durch den Zuhörer verneint. Das ist nicht weiter tragisch. Im Gegenteil: Die Gesprächspartner decken auf diese Weise Verständigungsfehler auf, die, wären sie unentdeckt geblieben, eine effektive Problemlösung erschwert oder zeitlich verzögert hätten. Paraphrasieren wird deshalb eingesetzt, um die Mitteilung auf der Sach-Ebene zu prüfen.

Verbalisieren bedeutet, dass der aktive Zuhörer den *emotionalen Bedeutungsgehalt* einer Sender-Aussage erfasst und zum Ausdruck bringt.

Mit dem Verbalisieren reagiert der Zuhörer auf die drei „psychologischen Ebenen" in einer Aussage, die *Selbstmitteilungs*-Ebene, *Appell*-Ebene und *Beziehungs*-Ebene.

Dadurch werden die Anteile in einer Botschaft aufgegriffen, die der Sender – aus welchen Gründen auch immer – nicht direkt ausgedrückt hat. Es gibt viele Gründe, warum Gesprächspartner nicht von vornherein *„direkt kommunizieren"*.

Einige Gründe wollen wir kurz aufführen:

Im *internen* Dialog phantasieren viele Menschen bis an den Rand der Katastrophe und weiter und unterlassen deshalb lieber die Realitätsprüfung, weil es in der Phantasie schon so schlimm war.

Für viele Menschen sind Gefühle schwer zu äußern, in Worte zu fassen.

Das eigene emotionale Empfinden soll nicht preisgegeben werden. Über Gefühle redet man nicht, die behält man für sich.

Sympathie oder Antipathie darf nicht gezeigt werden.

Vorurteile oder Statusunterschiede blockieren offene Aussagen.

Man kennt den Partner nicht gut genug.

Menschen sind sich ihrer eigenen Gefühle nicht immer sicher und verbergen sie deshalb lieber.

Die Befürchtung vor der vermutlich zu erwartenden Reaktion des Partners wirkt hemmend.

Im Gegensatz zum *Paraphrasieren* erfordert das *Verbalisieren* mehr vom aktiven Zuhörer. Vor allem den Mut, die emotionale Ebene anzusprechen, ins Spiel zu bringen. Der Zuhörer spricht dann ja genau das an, was andere Sender nicht oder nur verdeckt sagen wollte.

Deshalb sind erfahrungsgemäß Verbalisierungen auch v*on intensiverer Wirkung auf den Partner* als Paraphrasierungen.

Gerade die *Selbstmitteinlungs*-Ebene und die *Appell*-Ebene sind für *Verbalisierungen* gut geeignet. Und in ausgewogenen, guten Beziehungen kann der aktive Zuhörer auch direkt die *Beziehungs*-Ebenen ansprechen.

Auf Dauer gesehen wirken sich alle Techniken des aktiven Zuhörens positiv auf die Gestaltung der *Beziehungs*-Ebene aus, weil sie ein ICH + / DU + bewirken.

Die Ansatzpunkte der Zuhörtechniken im Kommunikationsviereck sind in Bild 3.1 dargestellt.

Wir werden uns im fünften Kapitel eingehend damit befassen, wie die Techniken konkret zu handhaben sind.

Bevor das geschieht, machen wir einen Abstecher in den Bereich, der aktives Zuhören blockiert: *Die Verwendung von Gesprächsstörern.*

Wenn Sie nämlich genau wissen, was Sie in Gesprächen *nicht* tun sollten, verbessern Sie damit Ihr Gesprächsverhalten schon ganz erheblich.

Deshalb zunächst zu den *harten Nüssen* für den Partner, den typischen *Gesprächsstörern.*

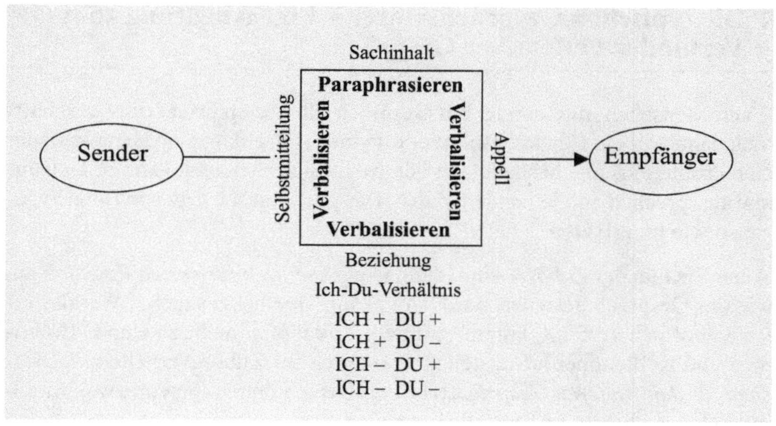

Bild 3.1: Zuordnung der Zuhörtechniken nach den 4 Mitteilungsebenen

4 Die typischen Gesprächsstörer – Eine Anleitung zum Verhindern effektiver Gespräche

Wenn Menschen miteinander ein Gespräch führen, ob privat oder geschäftlich, dann will ein Gesprächspartner oft einen Ratschlag, eine Beratung oder eine Problemlösung. Manchmal möchte man sich aber auch ganz einfach nur mal aussprechen, mit jemandem reden. Das gilt im geschäftlichen Bereich genauso wie im privaten.

Wenn Sie nun der *Zuhörer* sind, dann hängt es von *Ihrer ersten Reaktion* ab, wie das Gespräch gesteuert wird. Um es mit Goethe zu sagen: „Wer das erste Knopfloch verfehlt, kommt mit dem Zuknöpfen nicht zu Rand" (Maximen und Reflexionen). Sie stellen also durch Ihr Zuhör-Verhalten *die Weichen für den weiteren Gesprächsverlauf.* Dabei können Sie von zwei grundsätzlich verschiedenen Einstellungen ausgehen:

1. Von einer Einstellung, bei der sich Ihr Gesprächspartner angenommen fühlt, weil er in Ihnen einen Zuhörer findet, der sich Mühe gibt, ihn zu verstehen, der auf ihn eingeht.
2. Von einer Einstellung, die ein Gespräch erst gar nicht aufkommen lässt oder aber in eine ganz andere Richtung lenkt, als der Partner dies eigentlich wollte.

In dieser zweiten Gruppe sind die *typischen Gesprächsstörer* enthalten. Typisch, weil sie gängig und üblich sind. Sie kommen in der Alltagskommunikation so oft vor, dass man beim normalen Zuhören schon gar nicht mehr auf sie achtet.

Sie können das selbst sehr schnell feststellen, wenn Sie an der Bushaltestelle, beim Mittagessen in der Kantine, auf einer Feier oder beim Zeitungskauf am Kiosk einmal aktiv zuhören. Sie werden Gesprächsstörer in Hülle und Fülle finden. Aber auch im *Verkaufsgespräch*, in *Gruppenbesprechungen*, im *Mitarbeitergespräch*, im *Kollegengespräch* sind Gesprächsstörer allgegenwärtig.

Wir schauen uns jetzt die typischen Gesprächsstörer genauer an. Damit Sie feststellen können, wie das in einem ganz normalen Gespräch aussieht, werden die Gesprächsstörer in Kurzdialogen vorgestellt. Die Dialoge sind so aufgebaut, dass Person A etwas sagt und B darauf mit einer Aussage reagiert, die einen typischen Gesprächsstörer repräsentiert.

4.1 Von sich selbst reden

A: „Wir werden im Sommer wieder an die See fahren."
B: „Wir fahren immer nur in die Berge. Meine Frau will sich nicht stundenlang in der Sonne braten lassen."

oder

A: „Sonntag waren wir im Konzert. Beeindruckend!"
B: „Lassen Sie mich mal nachdenken. Ich war genau vor einem Jahr das letzte Mal im Konzert."

A: „Brahms wurde gespielt. Großartig!"
B: „Klassik liegt mir nicht. Ich hab's da eher mit etwas Beschwingterem."

A: „Anschließend waren wir in Köln essen."
B: „Also in Köln gehe ich immer zu ..., einfach Spitze. Atmosphäre, Service, Qualität, Preis, alles stimmt da."

Dieser Gesprächsstörer ist *am häufigsten vorzufinden*. Beobachten Sie bitte selbst einmal, wie Gesprächspartner nach der ersten Äußerung des anderen sofort beginnen, etwas von sich zu erzählen. Es hat den Anschein, als hätten sie nur auf ein Stichwort gewartet, um von den eigenen Erfahrungen, Meinungen und Ansichten zu erzählen. Das hat mit *Zuhören* nichts mehr zu tun.

Jetzt werden Sie sicher einwenden, dass Sie ja irgendwann auch etwas von sich sagen, sich in das Gespräch einbringen möchten. Es gilt dabei nur folgendes zu bedenken: Je früher Sie damit beginnen, umso eher sind Sie beim „Führen" und nicht mehr beim „Begleiten". Der Partner öffnet sich nicht mehr, und oft endet das Gespräch in einem „Meins-ist-aber-besser-als-Deins-Spiel". Häufiges von sich selbst Reden stört deshalb den Verständigungsprozess.

4.2 Lösungen liefern, Ratschläge erteilen

A: „In letzter Zeit bin ich so lustlos. Nichts läuft mir mehr von der Hand."
B: „Am besten, Du spannst mal für ein paar Tage aus."

oder

A: „Ich vergess die einfachsten Dinge."
B: „Halten Sie sich fit. Morgens ein paar Kniebeugen, das fördert die Durchblutung."

Weitere Beispiele sind:

„ Die Erfahrung sagt uns, dass ..."

„Meiner Auffassung nach sollten Sie ..."

„Versuchen Sie es doch einmal so"

„Die beste Lösung wäre ..."

Dieser Gesprächsstörer ist *häufig vorzufinden.* Und ebenso häufig die Gegenreaktion des Gesprächspartners, nämlich eine *„Ja, schon ... , aber Antwort."* Das ist auch verständlich, denn zu schnelle, problemlösende Antworten werden sehr oft als *Abwertung der eigenen Denkfähigkeit* angesehen. A hat ein Problem, und B weiß wie aus der Pistole geschossen eine Lösung. Das macht doch stutzig – oder nicht?

Und wenn B dann noch nachhaltig auf diesem Vorschlag, als dem einzig „wahren" beharrt, fühlt sich der andere unter Druck gesetzt und findet tausend Gründe, warum das so bestimmt nicht geht.

Wir haben dann das sogenannte „Ja-aber-Spiel" (vgl. Eric Berne, Spiele der Erwachsenen, 2008, S. 151 ff). B macht einen Vorschlag nach dem anderen, und A lehnt immer wieder ab. Die Begründung dafür lautet: Die Lösung kommt nicht von ihm, entspringt nicht seiner Initiative.

Deshalb gilt hier der Satz: *Ratschläge sind eben sehr oft auch Schläge.*

Es ist wichtig, sich an dieser Stelle einen *Kernsatz* der partnerorientierten Gesprächsführung zu merken. Er lautet: *Jeder Mensch trägt die Lösung für sein Problem in sich selbst.*

Und nur in wenigen Ausnahmefällen hat ein Mensch für eine ihn bewegende Frage nicht im *internen Dialog* schon einmal über Lösungswege nachgedacht. Oft haben wir sogar komplette Lösungsstrategien parat und schrecken vor einer Handlungsumsetzung zurück, weil wir im Käfig unserer Phantasie uns nur getraut haben, bis an die Gitterstäbe zu denken.

Starten Sie deshalb in Problemsituationen nicht gleich einen *Rettungsversuch*, denn Ihr Partner kann sein Problem viel öfter alleine lösen als Sie vielleicht glauben. Und er *braucht Sie als Gesprächspartner,* um sich an das eigene Wissen und die eigenen Gefühle heranzutasten.

Das heißt nicht, dass Sie ab sofort keine Ratschläge mehr geben sollten. Aber bitte erst dann, wenn Ihr Partner aktiv an der Problemlösung beteiligt war. Wer schnell Ratschläge erteilt und Lösungen liefert, stört den Verständigungsprozess.

4.3 Herunterspielen, bagatellisieren, beruhigen

A: „Ich sitz in der Klemme. Wie soll ich das bloß termingerecht abliefern?
B: „Ach, da haben wir doch schon ganz andere Sachen hingebogen."

oder

A: „Jetzt ist mir schon wieder ein Großauftrag durch die Lappen gegangen."
B: „Nimm's nicht so tragisch. Irgendwann klappt auch das mal."

Weitere Beispiele sind:

„Auf Regen folgt Sonnenschein."

„Das Leben geht schon weiter."

„Schlaf mal eine Nacht drüber, morgen sieht alles ganz anders aus."

„Es gibt schlimmere Dinge."

„Nehmen Sie sich das nicht so zu Herzen."

In all diesen Beispielen hat B es bestimmt gut gemeint. Aber woher soll A wissen, wie B es gemeint hat, wenn er hört, was dieser sagt.

Im Regelfall fühlt A sich nicht verstanden oder nicht ernst genommen. B definiert nämlich einfach die Gefühle des Partners um und *wertet sie damit ab.* Das entspricht ungewollt der ICH + / DU – Position auf der Beziehungs-Ebene.

Die Gefahr des *Umdefinierens von Gefühlen* ist immer dann besonders groß, wenn der Gesprächspartner negative Gefühle äußert. Das liegt daran, dass uns der Umgang mit negativen Gefühlen meist schwerfällt.

Ein *Kernsatz* der partnerorientierten Gesprächsführung lautet aber gerade:

> Gefühle des Gesprächspartners – ob positiv oder negativ – sind als augenblickliche Zustandsäußerungen zu akzeptieren und ernst zu nehmen.

Und *„akzeptieren"* heißt hier nicht billigen, sondern als solche in der *hier-und-jetzt-Situation* annehmen. Es gilt, den Partner dort abzuholen, wo er momentan steht.

4.4 Ausfragen, dirigieren

A: „Letzten Monat habe ich bei einem Unfall mein Auto zu Schrott gefahren."
B: „Was fuhren Sie denn für eine Marke?"

oder

A: „Dieses Bild bedeutet mir besonders viel."
B: „Von welchem Künstler ist es denn?"
A: „Es ist von ..."
B: „Was, ein echter ...?"
„Und was bekommt man heute so dafür?"
A: „Weiß ich nicht!"
B: „Wie sind Sie denn an ein solches Prachtstück gekommen?"

Weitere Beispiele sind:

„Ist das immer so bei Ihnen?"

„Wie lange geht das denn schon so?"

„Haben Sie denn schon etwas unternommen?"

„Wo ist das denn passiert?"

„Wie ist das denn abgelaufen?"

Durch solche Ausfragerei lenkt B das Gespräch auf die Punkte, die *ihm wichtig erscheinen.* Er hört nur „abtastend" zu, um sein Informationsbedürfnis abzudecken. Der Partner hätte unter Umständen ganz andere Schwerpunkte artikuliert. Da B aber durch seine ständige Fragerei sofort „führt", findet A nur schwerlich zu seiner Problemschilderung zurück.

Übrigens: Unterdessen weiß B immer noch nicht, warum A das Bild so sehr mag. B hätte mit einer ganz einfachen Äußerung auf die *Selbstmitteilungs-*Ebene eingehen können. Zum Beispiel so: „Sie mögen dieses Bild." *oder* „Damit sind für Sie Erinnerungen verbunden."

Durch das Ansprechen der Selbstmitteilungs-Ebene wäre alles wie von selbst in Gang gekommen. A hätte die Gründe für seine Wertschätzung von selbst preisgegeben und B gleichzeitig als verständnisvollen und einfühlsamen Gesprächspartner kennengelernt.

Zu beachten ist überdies, dass solche Ausfragerei oft auch peinlich ist, weil man sich genötigt sieht, zu antworten.

4.5 Interpretieren, Ursachen aufzeigen, diagnostizieren

A: „Ich frage mich in letzter Zeit immer häufiger, wofür ich das alles auf mich nehme."
B: „Das sind die ersten Anzeichen von Resignation."

oder

A: „Was ich auch mache, gegen den komme ich einfach nicht an."
B: „Das liegt an Ihrer Rücksichtnahme."

Weitere Beispiele sind:

„Das sagen Sie doch nur, weil Sie enttäuscht sind."

„Sie wollen sich nicht gerne in den Vordergrund spielen."

„Sie sind ein wenig überdreht."

„In Wirklichkeit gefallen Sie sich doch in dieser Rolle."

Beim *Interpretieren* besteht die Gefahr darin, dass der Zuhörer einseitig bestimmte Dinge in die Aussage hineindeutet, die für den Partner überhaupt nicht zutreffend sein müssen. Und wenn A diese *Diagnose* ablehnt, kommt es sehr oft vor, dass B an einer ihm geeignet erscheinenden Stelle im Gespräch seine alte Interpretation wieder aufgreift. Zum Beispiel so: „Das habe ich ja vorhin gemeint, als ich sagte ...“

Sie haben sicher selbst schon Gespräche erlebt, die sich im Kreise gedreht haben. Man ging davon aus, dass alles schon klar war, doch dann kam alles noch mal auf den Tisch.

Ursache dafür ist sehr oft die vorschnelle Interpretation durch den Zuhörer, die den Sprecher daran hindert, mehr über *sein* Problem zu schildern. So bleibt er an der Oberfläche und äußert demzufolge seine Gefühle auch nicht. Hinzu kommt noch, dass B zu einem Fachmann hochstilisiert wird, weil er durch die Diagnose vorgibt, den „wahren“ Problemkern sofort entdeckt zu haben. Diese Vorgehensweise verschlechtert die Verständigungsqualität unter Umständen erheblich, weil dadurch auf der „Beziehungsfahrbahn“ eine Hürde aufgebaut worden ist.

4.6 Vorwürfe machen, moralisieren, urteilen, bewerten

A: „Den Anforderungen, die in der neuen Position auf mich zukommen, kann ich bestimmt nicht genügen.“
B: „Rede nicht immer so negativ. Streng Dich endlich mal an.“

oder

A: „Gestern habe ich mir wieder eine Standpauke anhören müssen.“
B: „Warum haben Sie denn nicht den Mund aufgemacht. Sie sind doch hier kein Laufbursche.“

Weitere Beispiele sind:

„Ganz schlimm, so etwas.“

„Sie sind auf dem falschen Weg.“

„Damit haben Sie einen großen Fehler begangen.“

„Finden Sie das in Ordnung?“

„Selbstmitleid hilft da auch nicht weiter.“

„Das kann man so einfach nicht machen.“

Wenn B mit diesem Gesprächsstörer arbeitet, fällt er ein Urteil über A. A fühlt sich gemaßregelt, weil hinter diesem Störer der versteckte Vorwurf laut wird: Warum hast Du Dich nicht so verhalten, wie ich es erwartet habe? Was dann zumeist auf dem Fuße folgt, ist eine Rechtfertigung, womöglich auch ein recht aggressiver Gegenangriff. Damit ist oft ein ziemlich lang andauernder *Anschuldigungs-Rechtfertigungs-Mechanismus* in Gang gesetzt worden. A kommuniziert aus der vorwurfsvollen ICH + Position, und B fühlt sich ins DU – gedrängt.

In der Erwiderung reagiert B dann selbst vorwurfsvoll oder rebellisch. Beide fahren sozusagen im Gespräch „Achterbahn"; es geht dauernd rauf und runter. Das den Partner betreffende Problem gerät auf diese Weise immer mehr in den Hintergrund.

4.7 Befehlen, drohen, warnen

A: „Ich weiß nicht, wo die Liste mit den Kalkulationszuschlägen ist."
B: „Stör mich jetzt nicht, suche an der richtigen Stelle!"

Weitere Beispiele von Befehlsäußerungen sind:

„Hören Sie sofort damit auf!"

„Das müssen Sie tun!"

„Ich erwarte von Ihnen, dass Sie sich nicht hängen lassen!"

Menschen verwenden diesen Störer oft. Dabei mag auch Bequemlichkeit eine Rolle spielen. Es ist ja viel einfacher, etwas anzuordnen, als sich mit dem Anliegen eines anderen auseinanderzusetzen. Vielfach verbirgt sich hinter dem Befehlen auch eine gehörige Portion eigener Unsicherheit, die so überspielt werden soll.

Wer ständig angreift, der hat offensichtlich ein großes *Schutzbedürfnis,* und man kommt im Umgang mit solchen Menschen meist sehr viel weiter, wenn man sich nicht angegriffen fühlt, sondern die Frage stellt: „Was um alles in der Welt will der Betreffende schützen, dass er so vehement angreift?"

Ähnlich verhält es sich mit dem *Drohen* und *Warnen.* Dadurch soll der Gesprächspartner ja unter Druck gesetzt werden, wie nachfolgende Beispiele zeigen.

A: „Wenn ich nur wüsste, wie hoch ich mit der monatlichen Belastung gehen kann. Vielleicht warte ich lieber noch mit dem Kauf."
B: „Wenn Sie jetzt nicht kaufen, stehen Sie in einem Jahr ganz schön dumm da."

oder

A: „Wenn Du keine Lust hast, geh ich eben alleine aus."
B: „Ich warne Dich, treibe es nicht auf die Spitze."

Dieser Störer wird vermehrt dann eingesetzt, wenn sich ein Partner übergangen und nicht ernstgenommen fühlt. B befürchtet den Verlust von *Zuwendungen* und verhält sich so, dass der Partner zwangsläufig auf ihn reagieren muss. Zuwendungen sind der *psychologische Sauerstoff,* den wir alle zum Leben brauchen. Und wo keine positive Zuwendung zu bekommen ist, organisieren wir über unser Verhalten die Zufuhr negativer Zuwendung, denn die ist immer noch besser als gar keine.

Wir haben jetzt die sieben typischen Gesprächsstörer kennengelernt. Vielleicht ist Ihnen der eine oder andere bekannt vorgekommen. Nachfolgend finden Sie zur besseren Übersicht noch einmal alle Gesprächsstörer mit den jeweils typischen Redewendungen.

Zusammenfassung	**Die typischen Gesprächsstörer**
Gesprächsstörer	Typische Redewendungen
1. Von sich selbst reden	Sie, da kenne ich ... Kommt mir bekannt vor, passiert mir laufend. Da ist mir doch letzte Woche ...
2. Lösungen liefern, Ratschläge erteilen	Ich an Ihrer Stelle würde ... Da weiß ich einen guten Vorschlag. Versuchen Sie es doch einmal so.
3. Herunterspielen, bagatellisieren, beruhigen	Das ist doch nicht so schlimm. Auf Regen folgt Sonnenschein. Da müssen wir alle mal durch.

4. Ausfragen, dirigieren	Wo haben Sie das her? Ist das bei Ihnen immer so? Kommt das öfter vor? Wie ist das passiert?
5. Interpretieren, Ursachen aufzeigen, diagnostizieren	Sie schreien, weil Sie sauer sind. Sie wollen sich in den Vordergrund spielen. Sie sind etwas abgespannt.
6. Vorwürfe machen, moralisieren, urteilen, bewerten	Warum haben Sie nicht den Mund aufgemacht? Ganz schlimm, so etwas. Sie sind auf dem falschen Weg. Finden Sie das etwa in Ordnung?
7. Befehlen, drohen, warnen	Das würde ich mir aber nochmal gut überlegen. Halten Sie mich jetzt nicht auf! Denken Sie an die Folgen! Zuerst machen Sie mal ...

Damit Sie ein wenig Gespür für die Gesprächsstörer bekommen, finden Sie auf den nächsten Seiten eine Übung zur Identifizierung solcher Störer.

Die Übung ist wie folgt aufgebaut:

Es ist bei jeder Aussage der Sender angegeben.
(Kollege, Chef, Kunde usw.)

Dann folgt die Aussage in wörtlicher Rede und die Erwiderung eines anonymen Gesprächspartners in Form eines Gesprächsstörers.

Ihre Aufgabe besteht nun darin, die Nummer des Gesprächsstörers (siehe Zusammenfassung „Die typischen Gesprächsstörer“) in die Spalte *„Störer-Nr.“* einzutragen.

Die richtigen Lösungen finden Sie auf Seite 58.

Viel Erfolg bei dieser Übung.

Übung 2: Gesprächsstörer identifizieren

Nr.	Sender	Aussage	Gesprächsstörer	Störer-Nr.
1	Kollegin	Ich geh auf keinen Fall mehr dahin.	Sie haben vermutlich Angst, wieder angebrüllt zu werden.	
2	Abteilungsleiter	Das geht jetzt schon monatelang so. Jeden Tag diese Nörgelei der Leute.	Greifen Sie doch mal hart durch. Zeigen Sie, wo es lang geht!	
3	Kollege	Da bin ich in der Sitzung einfach aufgestanden und hab denen reinen Wein eingeschenkt.	Was ist denn dann passiert?	
4	Kunde	Ich weiß nicht so recht, ob ich das schaffen kann.	Ach, das haben doch schon ganz andere Leute geschafft.	
5	älterer Mitarbeiter	Irgendwie ist der Schwung weg. Früher ist mir das alles viel leichter gefallen.	Das geht mir auch so.	
6	Chef	Meinen Sie, ich könnte nach dem gestrigen Krach den X mal anrufen?	Das war gestern ein ganz dicker Hund von Ihnen.	
7	Auszubildender	Können Sie vielleicht mal, wenn es geht, äh, mir ...	Jetzt reden Sie doch endlich mal einen Satz geradeaus.	
8	Kunde	Wenn ich nur wüsste, ob ich kaufen soll. Ob das der richtige Zeitpunkt ist. Ich hatte eine ganz ordentliche Pechsträhne.	Wie lange hatten Sie denn diese Pechsträhne?	

Nr.	Sender	Aussage	Gesprächsstörer	Störer-Nr.
9	Sachbearbeiter	Jetzt hab ich's aber dicke! Warum soll ich das wieder machen. Herr C kann das ebenso sorgfältig machen wie ich.	Jetzt machen Sie aber mal einen Punkt!	
10	Mitarbeiter	Das neue Computer-System ist viel zu kompliziert. Ich begreif überhaupt nicht, was das soll.	So schlimm wird's ja wohl nicht sein.	
11	Kunde	Mit Ihrem Kollegen rede ich kein Wort mehr. Wie der sich hier aufgeführt hat, unglaublich.	Warum haben Sie sich nicht gewehrt, schließlich ist der Kunde König!	
12	Referent	Wenn ich wenigstens interessierte Zuhörer hätte. Aber die wollen alle möglichst schnell ans kalte Buffet.	Das liegt sicherlich daran, dass Sie eine ungünsige Zeit gewählt haben.	
13	Mitarbeiter	Sie werden es nicht noch einmal erleben, dass ich bei einem Meeting was sage.	Das ist doch kein Standpunkt.	
14	Kollege	Früher hab ich mich viel um die anderen hier gekümmert; hab mich mit ihren Problemen beschäftigt. In letzter Zeit belastet mich das doch zunehmend.	Schalten Sie ab. Kümmern Sie sich weniger um die anderen, dann geht's auch wieder besser.	
15	Kunde	Wie lange sind Sie denn schon in der Produktberatung tätig?	Warum wollen Sie das wissen?	

Nr.	Sender	Aussage	Gesprächsstörer	Störer-Nr.
16	Mitarbeiter	Selbst wenn ich einsehe, dass es sehr wichtig ist, dass ich die Angelegenheit sofort erledige; es kostet mich viel Energie, es dann auch sofort zu tun.	Ich bin auch nicht immer gleichermaßen motiviert. Letzte Woche habe ich den Kram auch hingeschmissen.	
17	Werbechef	Ob wir mit dieser Produktaussage richtig liegen?	Nun machen Sie sich mal keine Sorgen. Bisher hat das ja immer geklappt.	
18	Kunde	Wenn einer so was in einer Verhandlung zu mir sagt, dann möchte ich am liebsten das nächstbeste Stück an die Wand knallen.	Damit sind Sie auf dem falschen Weg.	
19	Abteilungsleiter	Und das ist jetzt das zweite Mal in diesem Monat vorgekommen.	Meine Leute sind auch nicht viel besser.	
20	Auszubildender	Die Situation hier ist irgendwie so ungewohnt.	Strengen Sie sich an, dann klappt es.	
21	Mitarbeiter	Ich mach überhaupt nichts mehr. Sie können ja doch alles besser.	Was ist denn los?	
22	Kunde	Was Sie mir da aufzeigen klingt nicht schlecht.	Also, mir würde das zusagen.	
23	Mitarbeiter	Warum beobachten Sie immer nur mich? Sehen Sie lieber mal, was die anderen so alles machen.	So sollten Sie aber nicht mit mir reden. Das ist kein guter Umgangston.	

Nr.	Sender	Aussage	Gesprächsstörer	Störer-Nr.
24	Kunde am Telefon	Was wollen Sie denn jetzt schon wieder von mir?	Jetzt lassen Sie mich doch mal ausreden!	
25	Kollege	Ich will darüber nicht mehr reden. Es versteht mich ja doch keiner.	Sie sind ein bisschen überarbeitet.	
26	Außendienstmitarbeiter	Das Abstrampeln für die neuen Zusatzprodukte erscheint mir sinnlos. Viel wichtiger ist es für mich, dass mein Verbessungsvorschlag durchkommt.	Das sage ich mir auch.	
27	Referent	Wenn ich ein Referat halte, dann komme ich mir immer so in den Mittelpunkt gerückt vor.	Sie sorgen sich um Ihr Image. Sie wollen den besten Eindruck hinterlassen.	
28	Kollege	Wenn ich so mit den Kollegen im Geschäft zusammen bin, dann sage ich eigentlich wenig.	Kommt das öfter vor?	
29	Mitarbeiter	Er hat überhaupt nicht zugehört, sondern fing sofort an zu schreien. Ich bin dann aufgestanden und habe schweigend den Raum verlassen.	Wenn Sie das öfter machen, geht das ganz schön in's Auge.	
30	Telefonverkäufer	Ist das ruhig heute. Kein Mensch meldet sich.	Es gibt schlimmere Dinge.	

Lösungen zur Übung: „Gesprächsstörer identifizieren"

Aussage Nr.	Störer-Nr.
1	5
2	2
3	4
4	3
5	1
6	6
7	7
8	4
9	7
10	3
11	6
12	5
13	6
14	2
15	4
16	1
17	3
18	6
19	1
20	7
21	4
22	1
23	6
24	7
25	5
26	1
27	5
28	4
29	7
30	3

Anmerkung: Wenn Sie 6 oder weniger Fehler haben, ist das ein gutes Ergebnis. Überprüfen Sie bitte, ob Ihre Fehler typisch sind, d. h., ob Sie immer nur einen oder zwei Gesprächsstörer falsch genannt haben. Lesen Sie sich dann bitte die Ausführungen zu diesen Störern noch einmal genau durch.

5 Die Gesprächsförderer – Was man tun kann, um aktiv zuzuhören

Wir haben bereits festgestellt, dass die Hauptkategorien des aktiven Zuhörens *Paraphrasieren* und *Verbalisieren* sind. In diesem Kapitel befassen wir uns eingehend mit den einzelnen Zuhörtechniken und deren sachgemäßer Handhabung, denn nur wenn sie richtig eingesetzt werden, wirken sie so, wie beabsichtigt: als „Gesprächsförderer".

5.1 Paraphrasieren

Mit dem *Paraphrasieren* stellen wir fest, ob wir die Aussage unseres Gesprächspartners wirklich verstanden haben. Das geschieht in Form einer *verdeutlichenden Wiederholung* des Gesagten.

Mit dieser Technik reagiert der Zuhörer auf die *Sach*-Ebene in der Sender-Aussage. Er will so sicherstellen, dass das, was der Sender ausdrücken wollte, bei ihm auch den beabsichtigten Eindruck hinterlassen hat.

Zu diesem Zweck meldet er eine *Neufassung des Inhaltes* an den Sender zurück. Der wiederum hat nun die *Vergleichsmöglichkeit* zwischen seiner eigenen Aussage und der Reaktion des Zuhörers. Im Falle einer *Abweichung* kann man sofort das Missverständnis beheben. Somit liegen die Vorteile dieser Technik auf der Hand.

Neben der rein sachlichen Aussagenklärung dokumentiert der Zuhörer damit zugleich seine *Aufmerksamkeit*, sein *Interesse an den Aussagen des Partners* und seine *Verstehensqualität.* Dies alles wirkt sich so ganz nebenbei auch positiv auf die *Beziehungs*-Ebene aus.

Beim Paraphrasieren unterscheiden wir zwei Formen, die nachfolgend näher beschrieben werden:

1. Die Wiederholung mit eigenen Worten.

2. Die zusammenfassende Wiederholung.

5. 1.1 Wiederholung mit eigenen Worten

Die *Wiederholung* einer Aussage mit eigenen Worten bedeutet, dass der Zuhörer das *Wesentliche des Gehörten* in eigenen Worten noch einmal formuliert. Es kommt darauf an, dass der *Kern der Aussage* getroffen wird. Der Partner soll die Rückkopplung als gleichwertig empfinden.

Wichtig ist dabei, dass der Zuhörer zwar *den Umfang, nicht aber den Inhalt der Aussage* verändern darf. Der inhaltliche Kern muss korrekt abgebildet werden.

Bei dieser Form der Wiederholung besteht anfänglich die Gefahr, dass sie *echo-haft* klingt, dass es sich um eine einfache Kopie der Sender-Aussage handelt. Mit zunehmender Übung verringert sich diese Gefahr aber ganz deutlich.

Wie nun eine korrekte Wiederholung mit eigenen Worten aussieht, ist in den folgenden drei Beispielen dargestellt.

Beispiel 1:

A: „Ich kann den Kollegen nicht einschätzen. Er fängt ganz freundlich ein Gespräch an und aus heiterem Himmel behandelt er mich wie den letzten Dreck.“

B: „Er zeigt sich widersprüchlich, und Sie wissen deshalb nicht, wie Sie sich verhalten sollen.“

Beispiel 2:

A: „Ich kann das mit der Elektronik einfach nicht. Hab halt für so was keine Begabung. Mein Kollege kennt sich da bestens aus. Wie das weitergehen soll, weiß ich nicht.“

B: „Sie denken, dass Sie unbegabt für diese Arbeit sind und wissen nicht, wie Sie besser zurechtkommen können.“

Beispiel 3:

A: „Mir hat der Betriebsausflug nicht gefallen. Ich hab mich gar nicht wohl gefühlt.“

B: „Sie haben sich unwohl gefühlt.“

In allen drei Beispielen antwortet B als aktiver Zuhörer, indem er auf der *Sach*-Ebene die Aussage des A *neuformuliert* und damit auf den *Kernpunkt* bringt. Das ist Paraphrasieren in reinster Form.

Wenn B allerdings an seine Äußerungen noch eine emotionale Aussage anschließt, hat er die *Schwelle zur Verbalisierung überschritten.* Das wäre zum Beispiel dann der Fall, wenn B noch folgendes gesagt hätte:

In Beispiel 1: „Sie fühlen sich verunsichert."
In Beispiel 2: „Das beunruhigt Sie und bereitet Ihnen Sorgen."
In Beispiel 3: „Sie empfinden Enttäuschung."

Die Grenze zur Verbalisierung kann also sehr leicht überschritten werden. Und in der Praxis kommt das auch öfter vor. Deshalb ist die Wiederholung mit eigenen Worten, wenn sie auf den *emotionalen Kern zugespitzt* wird, durchaus *auch als eine Technik des Verbalisierens anzusehen.*

Wir gehen aber in unserem Verständnis der Wiederholung mit eigenen Worten davon aus, dass sie nur auf die *Sach*-Ebene bezogen ist. Und Sie merken sich bitte selbst, dass eine Verschiebung auf die emotionale Schiene der Aussage keine lupenreine Paraphrasierung mehr darstellt.

Nun wird sehr oft eingewandt, dass der Partner auf eine Wiederholung mit eigenen Worten lediglich mit einem bestätigenden „Ja" reagiert und man damit genauso klug wie vorher sei.

In vielen Zuhör-Seminaren haben wir diese Befürchtung in Rollenspielen widerlegt gefunden. Der Partner antwortet in 99 % der Fälle nicht einsilbig mit „ja", sondern setzt zu einer weiteren, vertieften Erklärung seiner ersten Aussage an.

Sollten Sie ebenfalls eine solche Befürchtung hegen, dann widerlegen Sie sie doch einfach selbst, indem Sie gleich morgen im nächsten Gespräch mit dieser Technik arbeiten und die Reaktion Ihres Partners darauf einmal ganz bewusst registrieren.

Als typische Anfänge für eine Wiederholung mit eigenen Worten eignen sich folgende Formulierungen:

„Sie meinen, dass ..."
„Sie glauben, dass ..."
„Sie denken, dass ..."

5.1.2 Zusammenfassende Wiederholung

Sie ist immer dort angebracht, wo ein Gesprächspartner seine Aussage sehr weitschweifend anlegt oder immer wieder auf der Stelle tritt, was sich durch nuancierte Wiederholungen seiner Aussage zeigt.

Die *zusammenfassende Wiederholung* bietet all den Gesprächspartnern *Orientierungspunkte*, die sich im Kreis drehen und nicht angemessen zwischen wesentlichen und unwesentlichen Details der Situation unterscheiden können.

Diese Wiederholungsform hat insofern den Charakter einer *gekürzten Zusammenfassung*. Dabei bietet sich die Technik *des Gegenüberstellens* oder *In-Beziehung-Setzens* besonders an. Dazu zwei Beispiele.

Beispiel 1:

A: „Selbst wenn ich mir einrede, dass es enorm wichtig ist, dass ich dringende Terminsachen nicht aufschiebe, sondern sofort erledige – es kostet mich unheimlich viel Energie, das dann auch zu tun."

B: „An sich sagen Sie sich: „Es ist wichtig, mach das direkt", aber dann hält Sie irgend etwas doch wieder davon ab."

Beispiel 2:

A: „Ich möchte wirklich gerne auf eine Eigentumswohnung ansparen. Aber ich bin auch noch jung und möchte reisen und die Welt kennenlernen. Wissen Sie, mir einfach was gönnen."

B: „Sie wünschen sich einerseits Eigentum, andererseits möchten Sie aber auf die schönen Dinge des Lebens nicht verzichten."

Bei der zusammenfassenden Wiederholung arbeiten Sie mit *Konstrastierungen*. Der aktive Zuhörer spiegelt die *Unentschlossenheit* wider, indem er mit folgenden Formulierungen arbeitet:

„einerseits ... andererseits"
„an sich ... aber dann"
„vernunftmäßig ... gefühlsmäßig"

Bei letzterer Kontrastierung ist wiederum die Schwelle zur Verbalisierung überschritten, was nicht weiter problematisch ist. Sie sollten nur wissen, dass es so ist.

Halten wir also fest: Die zusammenfassende Wiederholung präzisiert die Aussage des Partners, indem sie die wesentlichen Entscheidungsschwierigkeiten kontrastiert. Das geschieht durch *Gegenüberstellen* bzw. *In-Beziehung-Setzen.*

5.2 Verbalisieren

Bei der Verbalisierung geht es immer um ein *Ansprechen von Gefühlen*, die der Gesprächspartner *mehr oder weniger verdeckt* in seiner Aussage untergebracht hat. Wie wir bereits wissen, setzen wir mit dem *Verbalisieren* an den *drei emotionalen Bedeutungsebenen* des Kommunikationsvierecks an. Und zwar entweder auf der *Selbstmitteilungs*-Ebene oder der *Appell*-Ebene oder der *Beziehungs*-Ebene. Die beiden erstgenannten Ebenen stellen die Hauptansatzpunkte für Verbalisierung dar.

Im Gegensatz zum reinen Paraphrasieren ist hier die *Wirkung auf den Empfänger* intensiver. Im Regelfall *öffnet sich ein Partner* sehr stark aufgrund von Verbalisierungen, d. h., sein *Selbstmitteilungs-* und/oder *Appell*-Anteil steigt entsprechend an. Deshalb sollte das Verbalisieren wohldosiert erfolgen.

Die nachfolgend dargestellten Einzeltechniken sind nach dem Grad *ihrer emotionalen Anstoßwirkung* gestaffelt. Wir beginnen mit relativ einfach wirkenden, sogenannten nicht-festlegenden Aufmerksamkeitsreaktionen, und wenden uns dann den immer stärker emotional aufschließenden Verbalisierungsformen zu.

5.2.1 Nicht-festlegende Aufmerksamkeitsreaktionen

Unter nicht-festlegenden Aufmerksamkeitsreaktionen verstehen wir Verhaltensweisen des Zuhörers, die den Gesprächspartner *ermutigen sollen, weiterzureden.*

Die Aufmerksamkeitsreaktionen können *nicht-sprachlicher* und sprachlicher Natur sein. Zu den ersteren zählen vor allem *Blickkontakt* und *Kopfnicken.* Die sprachlichen Aufmerksamkeitsreaktionen können wie folgt artikuliert werden:

kurze Äußerungen, wie: hm, ja, wirklich, interessant, oh, tatsächlich usw.

durch Wiederholen *einiger Schlüsselwörter* in der Aussage, wodurch der Partner zu einer ausführlicheren Erklärung angeregt werden soll.

die Aufforderung, etwas mehr zu äußern. Typische Formulierungen für eine solche Aufforderung sind:

„Das klingt, als ob es wichtig für Sie ist."
„Möchten Sie darüber reden?"
„Ihr Standpunkt würde mich interessieren."
„Hört sich an, als ob Sie darüber etwas sagen möchten."

Mit diesen Formen von Aufmerksamkeitsreaktionen *legen Sie den Partner nicht fest.* Sie ermöglichen es ihm nach wie vor, die inhaltliche Richtung seiner Aussage selbst zu bestimmen. Warum sind nun solche nicht-festlegenden Aufmerksamkeitsreaktionen so wichtig? Was sollten Sie dabei beachten?

- Einerseits sollen Sie den Partner ausreden lassen, andererseits können Sie nicht regungslos dasitzen. Deshalb signalisieren Sie mit den nicht-festlegenden Aufmerksamkeitsreaktionen zunächst einmal *Ihr Dabeisein.*
- Die Reaktionen stellen *keine Wertung des Inhalts dar.* Wenn Sie mit dem Kopf nicken, „hm" sagen oder Schlüsselwörter wiederholen, bedeutet das nicht, dass Sie die inhaltliche Aussage teilen. Sie zeigen damit nur an: „Ich höre aktiv zu, rede weiter." Sie verstärken lediglich den Verbalisationsprozess.
- Die Reaktionen ermöglichen es Ihnen als Zuhörer, sich emotional zurückzunehmen. Denn: Je emotionaler Sie als Zuhörer reagieren, umso stärker beeinflussen Sie den Partner (*Übertragungsmechanismus*).
- Die nicht-festlegenden Aufmerksamkeitsreaktionen sollten vorzugsweise am Ende einer Aussage kommen, wobei vorher eine *kurze Pause von 3 bis 4 Sekunden* einzuhalten ist.

Allein das Einhalten dieser Pause führt in fast 25 % der Fälle dazu, dass der Partner von alleine wieder zu reden beginnt.

Und wichtig ist: das *klischee-hafte „hm“*, das manche Leute fast automatisch von sich geben, ist hier nicht gemeint. Das wäre *passives Zuhören.*

- Sollte nach dem Einsatz einer nicht-festlegenden Aufmerksamkeitsreaktion keine Antwort des Partners erfolgen, so können Sie nach einer Pause von 3 bis 5 Sekunden mit einer anderen, intensiver wirkenden Verbalisierungstechnik reagieren.

Mit der Technik der nicht-festlegenden Aufmerksamkeitsreaktionen hat man in der *Interviewforschung* beeindruckende Ergebnisse erzielt. Interviewer, die diese Technik einsetzten, erhielten von den Befragten 25 bis 30 % mehr Informationen als solche, die damit nicht gearbeitet hatten.

5.2.2 Die weiterführende Frage

Beim aktiven Zuhören ist es auch erlaubt, Fragen zu stellen, um einzelne Aspekte einer Aussage zu *vertiefen.* Allerdings sind nur zwei spezielle Frageformen erlaubt. Eine davon ist die sogenannte „weiterführende Frage“. Mit ihr *fragt* der aktive Zuhörer *nach Gefühlen* und spricht damit die *Selbstmitteilungs*-Ebene an, um den Partner zu einer *vertieften emotionalen Aussage zu bewegen.*

Diese Frageform wird eingesetzt, wenn der Partner von sich aus nicht auf die Gefühlsebene einsteigen will, das aber notwendig ist, um ein Problem klären zu können. Suchen Sie aber bitte nicht nach einer Erklärung für die bedeckte Haltung Ihres Partners, denn sonst besteht die Gefahr des *Diagnostizierens.*

Die *weiterführende Frage* ist *immer eine offene Frage.* Offene Fragen sind *W-Fragen:*

Wie? Was? Wann? Wo? usw.

Was Sie hierbei aber unter allen Umständen vermeiden sollten, ist eine *Warum*-Frage, weil dadurch bei den meisten Menschen ein *Anschuldigungs-Rechtfertigungs-Mechanismus* in Gang gesetzt wird.

Fragen Sie bitte einmal ganz gezielt mit „Warum“, um sich den hier beschriebenen Effekt klar zu machen. Sie erhalten dann zum Beispiel auf die Frage „Warum hast du das so gemacht?“, häufig folgende Antworten: „Darum!“ „Wieso nicht?“ „Was sollte ich sonst wohl tun?“

Die Warum-Frage beinhaltet *zwei Fragerichtungen.* Sie kann sich auf das *Ziel* und auf die *Ursache* eines Verhaltens beziehen, wobei der Empfänger nicht weiß, welche Richtung der Sender anpeilt. Gewohnheitsmäßig hören viele Menschen „Ursache“ und beziehen deshalb eine Verteidigungsposition.

Fragen Sie deshalb lieber: „Wie kommt's?“ *oder* „Wie hat sich das entwickelt?“

Drei Beispiele sollen diese Frageform näher verdeutlichen.

Beispiel 1:

A: „Wenn ich morgens diesen unaufgeräumten Schreibtisch sehe ... Die Kaffeetassen stehen herum. Der Aschenbecher läuft mit Zigarettenkippen über ... Am liebsten möchte ich dann auf der Stelle losbrüllen: ‚Sauhaufen!‘“

B: „Was empfinden Sie denn, wenn Sie dieses Ducheinander sehen?“

Beispiel 2:

A: „Wir haben zwei Einladungen. Mein Vater feiert 25-jähriges Geschäftsjubiläum. Aber gerade an diesem Tag hat sich auch mein alter Schulfreund angesagt, den ich bestimmt 10 Jahre nicht mehr gesehen habe. Was soll ich jetzt bloß machen?“

B: „Ich frage mich gerade, wie viel Ihnen an dem Wiedersehen mit Ihrem Schulfreund liegt?“

Beispiel 3:

A: „Ach, am Anfang da lief das alles wie geschmiert. Das neue Haus, zweimal im Jahr in Urlaub fahren, unser Hobby ‚Golf‘. Alles war ganz gut zu finanzieren. Jetzt muss sich meine Frau die Stelle mit einer anderen teilen, und wir müssen kürzertreten. Wenn ich nur wüsste, wo?“

B: „Was bedeutet Ihnen denn Ihr Hobby?“

Die Beispiele zeigen, dass mit der weiterführenden Frage ein *emotionaler Denkanstoß* ausgelöst wird. Der Partner soll darüber nachdenken, was in bestimmten Situationen gefühlsmäßig in ihm vorgeht.

Da die weiterführende Frage immer als offene Frage gestellt wird und sie auf die *Selbstmitteilungs*-Ebene abhebt, erhält der Zuhörer in aller Regel sehr persönliche Antworten.

Bei der weiterführenden Frage können Sie zwischen folgenden Formulierungen wählen:

„Was empfinden Sie, wenn ?"
„Was bedeutet Ihnen denn ?"
„Ich überlege mir gerade, was Sie daran so bewegt?"
„Ich frage mich gerade, wie viel Ihnen an ... liegt?"

Gerade die beiden letztgenannten Formulierungen sind zum Vertiefen gut geeignet, weil Sie damit in Ihren *ICH-Grenzen* bleiben. Auf den Partner wirken diese Formulierungen jedoch als Reiz, um mehr von sich mitzuteilen.

5.2.3 Die klärende Frage

Die klärende Frage ist die zweite Frageform, die beim aktiven Zuhören eingesetzt werden darf. Wenn wir von der Bedeutung des Wortes *„klären"* in der Umgangssprache ausgehen, so versteht man darunter den Vorgang des Klarstellens. Man hat etwas nicht ganz verstanden und fragt deshalb nach.

Vom Grundverständnis her ist es in unserem Fall auch so, nur die Zielrichtung ist nicht die *Sach*-Ebene.

Unser Anlass für die *klärende Frage* ist eine *sprachliche Teilaussage* in der Mitteilung unseres Partners, die auf den ersten Blick ganz nebensächlichen Charakter hat. Dazu einige Beispiele:

„Im Allgemeinen war der Urlaub zufriedenstellend."
„Irgendwie komme ich mit dieser Person nicht klar."
„Im großen und ganzen läuft es ganz gut."
„Eigentlich geht das über meine Verhältnisse."
„Es ist im Prinzip immer das gleiche."

„Vielleicht geht es ja auch bald wieder aufwärts."
„Diesmal muss ich es einfach schaffen."
„Möglicherweise geht es ja auch gut."

Wir wissen aus vielen Beratungsgesprächen, dass solche nebensächlichen, scheinbar überflüssig anmutenden Ausschmückungen in der Partner-Aussage mehr sind als nur flüchtige Anspielungen.

In Worten wie

vielleicht, eigentlich, prinzipiell, irgendwie,
an und für sich, im großen und ganzen, unter
Umständen, möglicherweise, diesmal usw.

spiegelt sich der innere Abwägungsprozess wider.

Der Partner *kann oder will* etwas noch nicht mit Bestimmtheit ausdrücken. Bei entsprechender Nachfrage erfährt man dann auch meistens, dass noch Bedenken vorhanden sind, dass Pro und Kontra bei der Person selbst noch nicht endgültig geklärt sind.

Fragen Sie deshalb im nächsten Gespräch bei einem „eigentlich" Ihres Gesprächspartners klärend nach, und achten Sie bitte wieder ganz bewusst auf die dann folgende Reaktion.

Um eine stabilere Informationsbasis zu bekommen, ist es wichtig, Vorbehalte und Bedenken vom Partner selbst noch einmal präzisieren zu lassen. Die klärende Frage wird als *offene Frage* formuliert. Die Formulierung kann dabei folgende Formen annehmen:

„Was meinen Sie mit ‚vielleicht'?"
„Eigentlich heißt für Sie ... ?"
„Sie sagen ‚irgendwie'."

Beim zweiten Formulierungsvorschlag dürfen Sie nur dieses Satzfragment verwenden. Sie werden feststellen, dass Ihr Partner quasi unaufgefordert zu sprechen beginnt. Das hängt damit zusammen, dass wir *geschlossene Gestalten* (Ganzheiten) bevorzugen, und deshalb solche offenen Sätze (offene Gestalt) schließen.

Die klärende Frage erfordert ein besonders aufmerksames Selbstmitteilungs-Ohr und Appell-Ohr des Zuhörers. Nutzen Sie deshalb den *Hinweis und Aufforderungscharakter* solcher *unscheinbaren Nebenbemerkungen* zur Klärung der *Selbstmitteilungs*-Ebene und *Appell*-Ebene.

5.2.4 Statements

Carl Rogers, der Begründer der *partnerzentrierten Gesprächsführung,* versteht unter einem *Statement eine Aussage über den gefühlsmäßigen Zustand des Partners.*

Der Zuhörer schließt aus dem sprachlichen und vor allem dem nicht-sprachlichen Verhalten des Partners auf seinen Gefühlszustand. Während wir mit der weiterführenden Frage und der klärenden Frage noch nach Gefühlen gefragt haben, *werden mit Statements Gefühle* **direkt** *angesprochen.* Dadurch erreichen wir eine noch stärkere emotional aufschließende Wirkung. Dazu zwei Beispiele.

Beispiel 1:

A: „Ein Vorgesetzter muss einem doch auch mal zuhören können. Aber der, dauernd unterbricht der einen."

B: „Sie fühlen sich dann untergebuttert."

Beispiel 2:

A: „Ich habe mich so auf das Sommerfest gefreut. Und was war dann! Ganz alleine habe ich herumgesessen."

B: „Sie sind enttäuscht."

Gerade aus dem nicht-sprachlichen Verhalten, wie Tonfall, Kopfhaltung, Blickkontakt, Gestik usw. können wir viele Hinweise über die tatsächliche emotionale Befindlichkeit unseres Partners entnehmen, denn: *Die Körpersprache lügt nicht!"*

Sie werden jetzt vielleicht einwenden, dass das direkte Benennen von Gefühlen in der berufsbezogenen Kommunikation ungewöhnlich ist. Das stimmt! Aber wenn Sie die Statements richtig einsetzen, dann sind sie ein hilfreiches Mittel, um den Partner zu öffnen. Und mit der Öffnung steigt die Wahrscheinlichkeit, dass er über das spricht, was den Kern seines Anliegens ausmacht. Es kann nun durchaus geschehen, dass Sie ein Gefühl nennen, das nicht den wahren Zustand ihres Partners trifft. Das ist nicht weiter schlimm.

Offensichtlich gibt es einen gut funktionierenden Korrekturmechanismus in uns, der uns dazu veranlasst, solche Fehlzuschreibungen gefühlsmäßiger Art unmittelbar richtig zu stellen. Und indem Sie das Gefühl ansprechen, geben Sie eine Erlaubnis, einen Anstoß für den Partner, sein Gefühl zu benennen. Wir wollen das am zweiten Beispiel kurz demonstrieren.

Wenn B gesagt hätte: „Sie sind verärgert", dann wäre dieses Statement mit dem wahren Gefühl von A nicht deckungsgleich gewesen. Mit Sicherheit hätte A das Gespräch mit einer *Korrekturmeldung* der Zuhörer-Reaktion fortgesetzt. Etwa so: „Ach, ärgerlich bin ich nicht, eher enttäuscht".

Was folgt nun für den Einsatz von Statements aus dem bisher Gesagten?

- Es ist nicht tragisch, wenn Sie mit dem Statement nicht das zutreffende Gefühl benennen. Der Partner korrigiert Sie automatisch. Sie dürfen natürlich nicht dauernd mit Ihren Statements danebenliegen.
- Das Statement *muss immer in Form einer Feststellung* erfolgen, zum Beispiel:

  „Sie sind erfreut."
  „Sie fühlen sich verunsichert."
  „Das stimmt Sie optimistisch."

  Auf *gar keinen Fall* dürfen Sie das Statement *in Form einer Frage* formulieren, zum Beispiel:

  „Sind Sie enttäuscht?"
  „Fühlen Sie sich verunsichert?"
  „Bedrückt Sie das?"

  Das entspräche einer *geschlossenen Frage,* auf die der Partner nur mit *Ja* oder *Nein* antworten kann.
- Das Statement *muss in Form eines kurzen Satzes* formuliert werden, der nur den Gefühlszustand beschreibt, sonst nichts.

  Richtig ist, wenn Sie sagen: „Sie fühlen sich einsam."

Falsch ist, wenn Sie sagen: „Sie glauben jetzt, dass Sie besser alleine bleiben, wo Sie so im Stich gelassen worden sind."

- Beim Statement muss aus der Gesamtheit des Eindruckbildes auf das Wesentliche des Erlebens geschlossen werden. Das bewirkt den sogenannten *Trampolin-Effekt,* was bedeutet, dass der Partner zu weiteren Äußerungen angetrieben wird.

Sie werden beim Erproben der Statement-Technik sehr schnell merken, wie bescheiden der eigene Wortschatz in Bezug auf solche Begriffe ist, mit denen man Gefühle beschreiben kann. Sie finden aus diesem Grunde auf der nächsten Seite eine Liste mit 60 *Statement-Formulierungen,* die es Ihnen erleichtern sollen, Gefühlszustände zutreffend zu bezeichnen.

Es sei noch angemerkt, dass die Formulierung von Statements den meisten Zuhörern leicht von den Lippen geht. Diese Leichtigkeit veranlasst sehr schnell zum ausschließlichen Gebrauch von Statements. Man entwickelt sozusagen eine *Lieblingszuhörreaktion.*

Davor sei hier ausdrücklich gewarnt. Machen Sie sich bitte noch einmal klar, dass die Statements die stärkste emotionale Anstoßwirkung auf den Partner haben. Sie sind deshalb wohldosiert einzusetzen.

Wenn Sie jetzt mit dem aktiven Zuhören beginnen, dann erlauben Sie sich bitte ein schrittweises Vorgehen. Probieren Sie nicht alle Zuhör-Techniken auf einmal aus. Prüfen Sie auch ganz bewusst, welche Techniken Ihnen leicht fallen und wo noch Hürden zu überwinden sind. Und vor allen Dingen: Fangen Sie gleich morgen damit an, denn fast jede Gesprächssituation ermöglicht aktives Zuhören.

60 Beispiele für die Formulierung von Statements

Sie sind	gelangweilt	guter Stimmung	bedrückt
	befriedigt	zuversichtlich	hilflos
	froh	wütend	stolz
	angeregt	dankbar	gespannt
	unzufrieden	eifrig	enttäuscht
	überrascht	fasziniert	ausgeglichen
	glücklich	schockiert	verärgert
	erfreut	aufgeregt	hoffnungsvoll
	zufrieden	verunsichert	ängstlich

Sie fühlen sich	herausgefordert	Das bereitet Ihnen Kummer.
	geborgen	Das regt Sie auf.
	belastet	Das freut Sie.
	unter Druck	Das schmerzt Sie.
	übergangen	Sie kommen davon nicht los.
	befangen	Das macht Sie hilflos.
	verletzt	Das macht Sie mutig.
	niedergeschlagen	Das stimmt Sie sorgenvoll.
	alleingelassen	Das befriedigt Sie.
	erschöpft	Das beschämt Sie.
	mutlos	Sie haben ein gutes Gefühl.
	völlig leer	Das erfüllt Sie mit Stolz.
	matt	Sie haben ein schlechtes Gefühl.
	zurückgewiesen	Das belastet Sie.
	ausgelacht	Das bedrückt Sie.
	übervorteilt	Das macht Sie glücklich.
	betrogen	

Zusammenfassung	**Reaktionsmöglichkeiten eines aktiven Zuhörers**
Technik	Kurzcharakterisierung
Verbalisieren 1. Nicht-festlegende Aufmerksamkeits-reaktionen	– kurze sprachliche und nicht-sprachliche Signale (hm, ja, interessant, Kopfnicken, Blickkontakt) – Wiederholung einiger Schlüsselwörter – Aufforderung etwas zu sagen Erfolgen nach 3 bis 4 Sek. auf die Sprecheraussage. Danach wird die Reaktion des Partners abgewartet. Falls keine Reaktion erfolgt, wird eine der anderen Zuhörtechniken eingesetzt.
2. weiterführende Frage	Mit der weiterführenden Frage bringt man den Partner auf die *Selbstmitteilungs*-Ebene. Es ist immer eine offene Frage nach Gefühlen. Starke Öffnung/Nachdenklichkeit des Partners ist die Folge. Beispielformulierungen sind: „Was empfinden Sie, wenn ...?“ „Was bedeutet Ihnen denn ...?“ „Ich überlege mir gerade, was Sie daran so bewegt?“ „Ich frage mich gerade, wie viel Ihnen daran liegt?“
3. klärende Frage	Scheinbar nebensächlich erscheinende Äußerungen werden auf ihre Bedeutung hin abgefragt. Zum Beispiel: Was meinen Sie mit „vielleicht“, „im Prinzip“, „an und für sich“ usw.?
4. Statements	Direktes Benennen eines Gefühls. Beispiele sind: „Sie sind besorgt.“ „Das stimmt sie froh.“ „Sie fühlen sich herausgefordert.“

Technik	Kurzcharakterisierung
Paraphrasieren 1. Wiederholung mit eigenen Worten	Der Umfang einer Aussage darf verändert werden, der Inhalt nicht. Die Rückkoppelung muss gleichwertig sein. Die sachliche Kernaussage muss stimmen. Anfangsformulierungen sind: „Sie meinen, dass ..." „Sie glauben, dass ..." „Sie denken, dass ..."
2. Zusammenfassende Wiederholung	Zur Straffung bei längeren und widersprüchlichen Aussagen. Setzt Orientierungspunkte für den Partner. Erfolgt durch Gegenüberstellen bzw. In-Beziehungsetzen. Beispiele sind: „an sich ... aber dann" „einerseits ... andererseits"

Sie finden auf den nachfolgenden Seiten eine Übung zur schriftlichen Formulierung aktiver Zuhörreaktionen. Es hat sich in vielen Trainings gezeigt, dass diese „*Trockenübung*" ein gutes Eingewöhnen an die neuen Zuhörverhaltensweisen ermöglicht.

Wenn diese Übung gelingen soll, ist allerdings eines ganz wichtig:

Ihre Antworten müssen in wörtlicher Rede formuliert sein.

Schreiben Sie die Reaktion in die jeweils freie Zeile, die Sie auch wirklich als aktiver Zuhörer in der Praxis zeigen würden. Es kommt übrigens hier nicht darauf an, wohlgesetzte Prosa zu Papier zu bringen.

Und noch ein Hinweis: Für diese Übung gibt es keine Musterlösung, es hängt nämlich alles davon ab, was Sie aus der Sender-Aussage heraushören können. Vielfach sind zwei oder mehr aktive Zuhörreaktionen möglich.

Schreiben Sie so viele Reaktionen wie möglich auf. Damit Sie ein Abbild davon bekommen, wie solche Zuhörreaktionen ausschauen können, finden Sie im Anschuss an diese Übung einige Formulierungsvorschläge zu fünf Sender-Aussagen.

Und jetzt viel Erfolg beim Formulieren der Zuhörreaktionen.

Übung 3: Aktive Zuhörreaktion

Nr.	Sender	Aussage	Ihre aktive Zuhörreaktion
1	Kollegin	Ich geh auf keinen Fall mehr dahin.	
2	Abteilungsleiter	Das geht jetzt schon monatelang so. Jeden Tag diese Nörgelei der Leute.	
3	Kollege	Da bin ich in der Sitzung einfach aufgestanden und hab denen reinen Wein eingeschenkt.	
4	Kunde	Ich weiß nicht so recht, ob ich das schaffen kann.	
5	älterer Mitarbeiter	Irgendwie ist der Schwung weg. Früher ist mir das alles viel leichter gefallen.	
6	Chef	Meinen Sie, ich könnte nach dem gestrigen Krach den x-mal anrufen?	
7	Auszubildender	Können Sie vielleicht mal, wenn es geht, äh, mir ...	
8	Kunde	Wenn ich nur wüsste, ob ich kaufen soll. Ob das der richtige Zeitpunkt ist. Ich hatte eine ganz ordentliche Pechsträhne.	

Nr.	Sender	Aussage	Ihre aktive Zuhörreaktion
9	Sachbearbeiter	Jetzt hab ich's aber dicke! Warum soll ich das wieder machen. Herr C kann das ebenso sorgfältig machen wie ich.	
10	Mitarbeiter	Das neue Computer-System ist viel zu kompliziert. Ich begreif überhaupt nicht, was das soll.	
11	Kunde	Mit Ihrem Kollegen rede ich kein Wort mehr. Wie der sich hier aufgeführt hat, Unglaublich.	
12	Referent	Wenn ich wenigstens interessierte Zuhörer hätte. Aber die wollen alle möglichst schnell ans kalte Buffet.	
13	Mitarbeiter	Sie werden es nicht noch einmal erleben, dass ich bei einem Meeting was sage.	
14	Kollege	Früher hab ich mich viel um die anderen hier gekümmert; hab mich mit ihren Problemen beschäftigt. In letzter Zeit belastet mich das doch zunehmend.	
15	Kunde	Wie lange sind Sie denn schon in der Produktberatung tätig?	

Nr.	Sender	Aussage	Ihre aktive Zuhörreaktion
16	Mitarbeiter	Selbst wenn ich einsehe, dass es sehr wichtig ist, dass ich die Angelegentheit sofort erledige; es kostet mich viel Energie, es dann auch sofort zu tun.	
17	Werbechef	Ob wir mit dieser Produktaussage richtig liegen?	
18	Kunde	Wenn einer so was in einer Verhandlung zu mir sagt, dann möchte ich am liebsten das nächstbeste Stück an die Wand knallen.	
19	Abteilungsleiter	Und das ist jetzt das zweite Mal in diesem Monat vorgekommen.	
20	Auszubildender	Die Situation hier ist irgendwie so ungewohnt.	
21	Mitarbeiter	Ich mach überhaupt nichts mehr. Sie können ja doch alles besser.	
22	Kunde	Was Sie mir da aufzeigen, klingt nicht schlecht.	
23	Mitarbeiter	Warum beobachten Sie immer nur mich? Sehen Sie lieber mal, was die anderen so alles machen.	

Nr.	Sender	Aussage	Ihre aktive Zuhörreaktion
24	Kunde am Telefon	Was wollen Sie denn jetzt schon wieder von mir?	
25	Kollege	Ich will darüber nicht mehr reden. Es versteht mich ja doch keiner.	
26	Außendienstmitarbeiter	Das Abstrampeln für die neuen Zusatzprodukte erscheint mir sinnlos. Viel wichtiger ist es für mich, dass mein Verbessungsvorschlag durchkommt.	
27	Referent	Wenn ich ein Referat halte, dann komme ich mir immer so in den Mittelpunkt gerückt vor.	
28	Kollege	Wenn ich so mit den Kollegen im Geschäft zusammen bin, dann sage ich eigentlich wenig.	
29	Mitarbeiter	Er hat überhaupt nicht zugehört, sondern fing sofort an zu schreien. Ich bin dann aufgestanden und habe schweigend den Raum verlassen.	
30	Telefonverkäufer	Ist das ruhig heute. Kein Mensch meldet sich.	

Lösungsvorschläge zu Übung 3

Aussage Nr. 2:

> „Das geht jetzt schon monatelang so.
> Jeden Tag diese Nörgelei der Leute."

Mögliche aktive Zuhörreaktionen hierauf sind:

1. „Ich frage mich gerade, was Sie daran so bewegt." (weiterführende Frage)
2. „Das belastet Sie." (Statement)
3. „Nörgelei der Leute heißt für Sie ...?" (klärende Frage)
4. „Die Leute nörgeln täglich an etwas herum." (Wiederholung mit eigenen Worten)
5. „Jeden Tag?" (nicht-festlegende Aufmerksamkeitsreaktion, ein Schlüsselwort wird wiederholt)

Aussage Nr. 8:

> „Wenn ich nur wüsste, ob ich kaufen soll, ob das der
> richtige Zeitpunkt ist. Ich hatte eine ganz ordentliche Pechsträhne."

Mögliche aktive Zuhörreaktionen hierauf sind:

1. „Einerseits haben Sie noch Bedenken zu kaufen, andererseits sprechen aber auch viele Gründe dafür." (zusammenfassende Wiederholung)
2. „Was meinen Sie mit „ordentliche Pechsträhne"?" (klärende Frage)
3. „Was empfinden Sie denn in dieser Situation?" (weiterführende Frage)
4. „Sie sind noch unentschlossen." (Statement)

Aussage Nr. 11:

„Mit Ihrem Kollegen rede ich kein Wort mehr.
Wie der sich hier aufgeführt hat. Unglaublich!"

Mögliche aktive Zuhörreaktionen hierauf sind:

1. „Sie sind wütend." (Statement)
2. „Was empfinden Sie denn nach diesem Auftritt?" (weiterführende Frage)
3. „Was meinen Sie mit ‚aufgeführt'?" (klärende Frage)

Aussage Nr. 20:

„Die Situation hier ist irgendwie so ungewohnt."

Mögliche aktive Zuhörreaktionen hierauf sind:

1. „Das ist alles noch neu für Sie." (Wiederholung mit eigenen Worten)
2. „Was empfinden Sie denn in dieser Situation?" (weiterführende Frage)
3. „Irgendwie ‚ungewohnt' heißt für Sie ... ?" (klärende Frage)
4. „Sie fühlen sich verunsichert." (Statement)

Aussage Nr. 25:

„Ich will darüber nicht mehr reden. Es versteht mich ja doch keiner."

Mögliche aktive Zuhörreaktionen hierauf sind:

1. „Sie sind enttäuscht." (Statement)
2. „Ich frage mich gerade, was Sie daran so bewegt?"
3. „Sie glauben, dass Sie keiner versteht und wollen lieber schweigen." (Wiederholung mit eigenen Worten)
4. „Sie sagen ‚keiner versteht mich'?" (klärende Frage)
5. „Keiner?" (nicht-festlegende Aufmerksamkeitsreaktion, ein Schlüsselwort wird wiederholt)

6 Wo kann aktives Zuhören angewandt werden?

Jede Technik ist immer nur so gut wie derjenige, der sie anwendet. Und es gibt wahrscheinlich keine Technik der Gesprächsführung, durch deren Anwendung man alle Schwierigkeiten beseitigen könnte. Dafür sind die Erscheinungsformen menschlichen Verhaltens glücklicherweise auch zu vielfältig. Aktives Zuhören ist deshalb *situationsangemessen* einzusetzen.

Wir werden die häufigsten Fragen hinsichtlich der Anwendung des aktiven Zuhörens nachfolgend beantworten und auch Hinweise für besonders gut geeignete Einsatzsituationen geben.

Wo können Sie aktives Zuhören einsetzen?

Es gibt Situationen, in denen aktives Zuhören das Mittel der Wahl ist.

- Aktives Zuhören eignet sich immer dort, wo es um *das Herausfiltern von Motiven* geht, wenn es darauf ankommt, *Beweggründe für Handeln zu erfahren.*
- Aktives Zuhören eignet sich besonders in der *Kontaktphase* von Gesprächen. Gerade dort sucht man oft krampfhaft nach einem Gesprächsaufhänger. Dabei liefert der Partner oft schon das Thema, indem er unaufgefordert von seiner Situation berichtet.
- Aktives Zuhören ist immer dann angezeigt, wenn es *hoch hergeht* und die starke emotionale Erregung das Denken blockiert und eine versachlichende Gesprächsführung erschwert.
- Bei *Reklamationsgesprächen* ist aktives Zuhören das Mittel der Wahl.
- Je höher der *Beratungsanteil* in einem Gespräch ist, umso notwendiger ist aktives Zuhören.
- In allen Situationen, in denen *Ihr Partner Problembesitzer* ist, reagieren Sie mit aktivem Zuhören.

Wann starten Sie mit aktivem Zuhören im Gespräch?

Aktives Zuhören ist ja kein aufgepfropftes, starres Verhaltensmuster, sondern eine flexible Reaktionsweise. Folglich bestimmen Sie selbst, wann Sie die Rolle des aktiven Zuhörers einnehmen. Sie entscheiden, wann Sie damit beginnen und aufhören.

Die Strategien des aktiven Zuhörens sind *unaufdringlich* und deshalb *nicht auffällig.* Im Verlauf eines Gesprächs können Sie zum besseren Verständnis des Problems oder der momentanen Situation Ihres Partners *beliebig oft* aktiv zuhören. Eines sollten Sie allerdings nicht tun: Zum Einstieg ins aktive Zuhören ein rationales Thema ansprechen.

Das haben Sie auch gar nicht nötig, denn die Beherrschung der verschiedenen Zuhörtechniken versetzt Sie in die Lage, auf das einzugehen, worüber Ihr Partner reden möchte.

Fühlt sich der Partner nicht bedrängt oder aus der Fassung gebracht?

Gespräche im geschäftlichen Rahmen sind nicht unerheblich von *Rollen-Erwartungen* geprägt. Mitunter existieren sehr starre Rollenmuster. Das kann man immer wieder beobachten bei den Einstiegsschwierigkeiten in Beurteilungsgesprächen, Kritikgesprächen und auch in Verkaufsgesprächen.

Das Denken in scheinbar nicht zu überwindenden Verhaltenserwartungen ist sicher teilweise durch entsprechende Alltagserfahrung begründet. Zu einem erheblichen Teil ist es aber auch das Produkt unserer Phantasie, unseres *magischen Denkens.* Und Phantasien können ja bekanntlich die Form von Brücken annehmen, über die man gehen kann; sie können aber auch Käfige sein, in denen man sich selbst gefangen hält.

Es gibt zweifelsfrei die Schwelle *Erwartungshaltung*, die Sie bei Anwendung des aktiven Zuhörens zu überwinden haben. Auch wenn Ihr Partner momentan nicht auf Ihre Aussage eingeht: Es geht um ihn, und Sie geben nichts anderes als seine Gesprächsaussage an ihn zurück.

Da Sie Mitteilungen nach vier Bedeutungsebenen entschlüsseln können, treffen Sie mit Ihrer Zuhörreaktion eine der vier Ebenen. Im Prozess des aktiven Zuhörens wird die Aussage des Partners bearbeitet und veredelt.

Aus dem gelieferten „Rohstoff“ entsteht sozusagen ein „Halb- oder Fertigprodukt“. Der Partner bekommt also in der Konsistenz etwas zurück, das ihm bekannt und vertraut vorkommt. Und Bekanntes nimmt man erfahrungsgemäß eher an als Unbekanntes.

Wirkt aktives Zuhören nicht gekünstelt?

Das ist der häufigste Vorbehalt, der gegen aktives Zuhören geäußert wird.

Viele Menschen sagen:

„Das erscheint mir unnatürlich“
„Wer redet denn schon so miteinander?“
„Das ist doch Therapeuten-Chinesisch!“
„Wenn ich so reden würde, käme ich mir blöd vor“
„Mein Partner würde mich nicht ernst nehmen,
wenn ich das wirklich so machen würde.“

Solche Reaktionen sind zunächst einmal verständlich. Die meisten Menschen haben gelernt – privat und beruflich – bei Widerständen und Problemen in der Kommunikation zu befehlen, zu drohen und warnen, gute Ratschläge zu erteilen usw. Nur löst solches Verhalten das Problem meist ja nicht.

Wir kommen ja nicht dadurch von unseren Befürchtungen, Ängsten und negativen Phantasien los, indem wir sie unterdrücken, runterschlucken oder vergessen. Emotionen sind mit Energie besetzt, die sich so oder so ihren Weg sucht. Deshalb besteht die *Entsorgung* bei belastenden und bedrückenden Empfindungen im Aussprechen. Negative Gefühle erzeugen negatives Denken und führen zur Verspannung des Körpers. Dagegen erzeugen positive Gefühle positives Denken und körperliches Entspanntsein.

Der aktive Zuhörer ist positiv gestimmt und ermutigt seinen Gesprächspartner, das vermeintlich Unaussprechliche und Bedrückende zu artikulieren. Das führt auf Dauer zu einer entspannten, positiven Atmosphäre, die ein offenes Miteinander ermöglicht.

Es gibt wirklich nichts, worüber man nicht sprechen könnte, es sei denn, man bildet es sich ganz fest ein.

Und was die befürchtete Künstlichkeit der Vorgehensweise betrifft: Aktives Zuhören ist kein starres Verhaltensmuster, sondern eine Methode, die hilft, dem Partner echtes Verständnis entgegenzubringen. Und durch laufende Übung verinnerlichen Sie es als Grundhaltung: *Aktives Zuhören wird zu Ihrem persönlichen Stil.*

Ist das Ansprechen von Emotionen nicht gefährlich?

Schon sehr früh in unserem Leben bekommen viele von uns beigebracht: Nimm dich zurück, zeig deine Gefühle nicht. Das Ausdrücken von Gefühlen wird sehr oft negativ empfunden. Dabei ist das genaue Gegenteil der Fall: Gefühle sind okay und ebenso das Ausdrücken von Gefühlen.

Zum Beispiel sagt jemand: „Ich verabscheue diesen Job." „Mit dem kann ich nicht zusammenarbeiten, der macht mich ganz verrückt." „Keiner weiß zu schätzen, was ich hier leiste."

Aus solchen Aussagen wird häufig der Schluss gezogen, dass es sich um überdauernde und nicht veränderbare Gefühlsregungen handelt, was meistens nicht stimmt. Negative Gefühlszustände können glücklicherweise auch vorübergehender Natur sein, denn Menschen wählen oft starke Gefühlsaussagen als Signal für ihre Botschaft, um so sicherzustellen, dass das, was sie sagen wollen, beim Partner auch mit dem nötigen Nachdruck ankommt.

Aktive Zuhörreaktionen dienen zur Entkrampfung aufgeladener Situationen. Und sollte sich Ihr Partner auf eine solche Reaktion nicht wie erwartet verhalten, dann müssen Sie keinen Fehler gemacht haben. Und Sie brauchen auch nicht die Flinte ins Korn zu werfen und an der Wirksamkeit der Reaktion zweifeln. Im Gegenteil: Sie haben wahrscheinlich genau das ausgesprochen, was den Partner beschäftigt hat. Sie können deshalb beruhigt mit einer der folgenden Zuhörreaktionen antworten:

„Das beschäftigt Sie anhaltend."
„Sie wollen Ihre Sorgen für sich behalten."

Haben Sie also den Mut, öfter als bisher in Gesprächen als aktiver Zuhörer zu reagieren. Sie werden dann feststellen, dass Ihre Gesprächspartner Ihnen *Vertrauen* und *Sympathie* entgegenbringen. Und das ist immer noch das verzinslichste Kapital in zwischenmenschlichen Kontakten.

7 ICH-Botschaften und DU-Botschaften – über das Beziehungsgerangel in Gesprächen

7.1 Was eine DU-Botschaft aussagt

Im dritten Kapitel haben Sie die *Philosophie des Problembesitzes* kennengelernt. Danach war für die Wahl des richtigen Kommunikationsverhaltens die Frage zu stellen, wer der Problembesitzer ist. Wenn *Ihr Partner* der Problembesitzer ist, dann steht Ihnen die ganze Palette *aktiver Zuhörreaktionen* zur Verfügung, die Sie jetzt ja kennen.

Was aber machen Sie, wenn *Sie selbst Problembesitzer* sind?

Der eigene Problembesitz bedeutet ja, dass Ihnen ein anderer Mensch durch die Art und Weise seiner Handlungen Probleme verursacht. Und bei der Lösung dieser Probleme begehen wir nun oft entscheidende Kommunikationsfehler. Wir treten vornehmlich mit einer *Behauptung* an den Partner heran, die *offen* oder *verdeckt* lautet: „Wenn Du nicht wärst, hätte ich keine Probleme, also verhalte Dich in Zukunft gefälligst so und so!“

Damit signalisieren wir auf der *Beziehungs*-Ebene unmissverständlich ICH +/DU – und auf der *Appell*-Ebene lautet die Botschaft: ändere dich in meinem Sinne. Solche Art der Kommunikation *ruft Widerstand hervor.* Bei Licht betrachtet, ist das auch (psycho-)logisch.

Warum sollte ein Mensch ohne Widerstand die Probleme eines anderen lösen? Seine Bedürfnisse werden ja dadurch zumindest nicht unmittelbar befriedigt. Machen Sie sich bitte diesen außerordentlich wichtigen Gesichtspunkt klar.

- Wer anderen Menschen Probleme stiehlt, macht Sie unmündig.
- Wer anderen Menschen Probleme zuschiebt, macht Sie widerspenstig und aggressiv.

Widerstand ruft meistens *Konfrontation* hervor, so ist der übliche Verhaltenskreislauf. Nun haftet dem Begriff „Konfrontation“ eine weitgehend negative Tönung an. Und das nicht völlig zu Unrecht!

Dabei *kann* Konfrontation durchaus positiv sein, klärend und problemlösend wirken. Im psychologischen Sprachgebrauch bedeutet „Konfrontation", dem anderen ins Auge schauen, ihn mit seinem Verhalten und seinen Gefühlen in Kontakt bringen. Voraussetzung dafür ist allerdings, dass eine Sprache verwendet wird, die *nicht* besserwissend, beleidigend, abwertend, zynisch, ironisch oder moralisierend ist. Andernfalls trifft man das *Selbstwertgefühl* des Partners und greift damit das Bild an, das der Betreffende von sich selbst hat (Selbstbild).

Negative Konfrontationssprache wird nun typischerweise beim Senden von *DU-Botschaften* verwandt, was dann in der Praxis oft folgende Formen annimmt:

„Das musst Du tun."
„Das sollten Sie aber besser können."
„Wie lange sind Sie eigentlich schon in der Firma, dass Sie so gescheit fragen?"
„Wenn Sie jetzt nicht gleich damit aufhören, dann ..."
„Ich werde Ihnen schon sagen, was Sie hier zu tun haben."
„Sie sind völlig rücksichtslos in Ihrem Benehmen."
„Sie sind ein Idiot!"

Solche *negative Konfrontationssprache* ruft verständlicherweise Widerstand hervor. Menschen vertragen DU-Botschaften nicht gut, denn:

Sie werden als Tadel, Bevormundung, Bestrafung empfunden.
Sie erwecken das Gefühl von Abwertung und Missachtung.
Sie fordern Widerstand und Vergeltung heraus.
Sie setzen Rechtfertigungs- und Verteidigungs-Mechanismen in Gang.
Sie treffen unmittelbar das Selbstwertgefühl und Selbstbild des Partners.
Sie erhöhen die persönliche Abneigung.
Sie bauen Veränderungsbereitschaft ab.
Sie rufen oft Schuldgefühle hervor.
Sie wirken wie „negative Anker", die Vorstellungen über ähnliche Situationen in unserer Lebensgeschichte wachrufen und uns damit blockieren.

DU-Botschaften haben als gemeinsamen Nenner den „Jetzt-will-ich-Dir-mal-was-sagen-Standpunkt". Dadurch wirken sie nicht nur *schädlich* auf der

Beziehungs-Ebene, sie behindern auch eine effektive Kommunikation auf der *Sach*-Ebene, denn der Partner hat alles andere im Sinn, als eine Sachlösung zu finden. Er wird zunächst Maßnahmen zur Wiederherstellung des beschädigten *Selbstwertgefühls* einleiten, indem er zum Beispiel die Schuld Ihnen zuweist oder erklärt, warum er nicht anders konnte und so weiter.

Effektiv ist Kommunikation immer dann, wenn sie dazu führt, dass Probleme produktiv gelöst werden. DU-Botschaften helfen aber nicht bei der Problemlösung, sondern schaffen noch zusätzliche Probleme oder vergrößern bestehende. Damit sind sie psychologisch und ökonomisch gesehen äußerst kostspielig.

Wenn Sie das Verhalten eines Menschen nicht akzeptieren können, dann sind Sie der Problembesitzer. Sie entscheiden in jedem Moment des Gesprächs darüber, was Sie fühlen und denken wollen. Sie sind derjenige, der wütend, ärgerlich, traurig oder enttäuscht ist.

Und jetzt wollen Sie zur Lösung eines Problems DU-Botschaften senden. Das hilft nicht weiter. Was hilft, sind *ICH-Botschaften.* Vergegenwärtigen wir uns noch einmal die Ausgangslage: Ein Mensch verhält sich so, dass Ihnen das Probleme schafft. Das führt zu einer emotionalen Gestimmtheit, die sich in Wut, Ärger, Enttäuschung usw. ausdrückt.

Jetzt bestehen zwei Möglichkeiten, dieses problemverursachende Verhalten anzusprechen.

1. Sie teilen mit, wie Sie empfinden, was in Ihnen vorgeht und senden eine *ICH-Botschaft.*
2. Sie sagen dem Partner, was Sie von ihm halten und was er tun soll und senden eine *DU-Botschaft.*

Die ICH-Botschaft ist von großem Vorteil, weil Sie damit Ihren Standpunkt vermitteln. Das Problem bleibt bei Ihnen. Wir wollen das an drei Beispielen näher betrachten.

DU-Botschaft	*ICH-Botschaft*
„Musst Du mir eigentlich immer ins Wort fallen? Du solltest mal einen Diskutierkurs besuchen."	„Ich bin wütend, wenn ich unterbrochen werde, weil ich glaube, dass das, was ich sage, nicht wichtig für Dich ist."

„Dir kann man überhaupt nichts anvertrauen.“	„Mir ist das peinlich und ich schäme mich, dass Du das weitererzählt hast.“
„In Deinem Aufzug machst Du Dich doch lächerlich. Zieh gefälligst was anderes an!“	„Ich befürchte, dass die anderen über Dein Kleid lachen. Ich käme mir dann vor, als ob ich Dir nichts Gescheites kaufen könnte.“

Nun können ICH-Botschaften auf den verschiedensten Wegen umgangen werden. Die gebräuchlichsten Arten dazu sind:

MAN-Botschaften:	„Man kann schon aus der Haut fahren, wenn man das sieht.“
ICH-Botschaft dazu:	„Ich rege mich auf, wenn ich sehe, was hier passiert.“
WIR-Botschaften:	„Wir sollten das jetzt nicht weiter bereden. Das ist verlorene Zeit.“
ICH-Botschaft dazu:	„Ich möchte darüber jetzt nicht gerne reden. Ich befürchte, dass Zeit vergeudet wird.“
ES-Botschaften:	„Es war wie immer ein typisches Meeting. Langweilig und langatmig. Alles wird zerredet. Und der Chef drückt wie immer das durch, was er will.“
ICH-Botschaft dazu:	„Ich konnte kaum noch zuhören, hatte aber auch nicht den Mut, mich zu Wort zu melden.“

Solche Formen des Verschleierns und Verbergens sind im privaten und beruflichen Bereich oft anzutreffen. Langfristig führt das zur *Eisbergkommunikation* und zum vermehrten *Einsatz von Gesprächsstörern.*

Wie bildlich dargestellt, schwimmt die *Sache* über dem Wasser, aber das, worum es geht, die *Beziehung*, ist scheinbar unter der Wasseroberfläche verschwunden.

Bild 7.1: Eisbergkommunikation

Wer als Problembesitzer eine Problemlösung und keine Problemverschiebung will, braucht im Gespräch die ICH-Botschaft, und wie diese nun genau aussieht, wird im nächsten Abschnitt an Beispielen dargestellt.

7.2 Was eine ICH-Botschaft aussagt

Immer wenn Sie *Problembesitzer* sind, ist es angebracht, Ihre Aussage in Form einer *ICH-Botschaft* zu senden: „Ich bin entmutigt“ oder „Ich rege mich auf, wenn ich das sehe“ oder „Ich fühle mich überrumpelt“.

Solche Botschaften sind sicherlich nicht besonders angenehm für Ihren Partner, aber, und das ist wichtig: eine ICH-Botschaft ist annehmbar, denn Sie reden über *Ihr* Problem und bleiben damit in Ihren *ICH-Grenzen*.

Mit der Aussage über das eigene gefühlsmäßige Befinden haben wir den wohl schwierigsten Teil der ICH-Botschaft schon vorweggenommen. Eine *vollständige* ICH-Botschaft umfasst insgesamt *drei Teilstücke*, und zwar:

Eine Aussage über das *Verhalten*, das *Sie* nicht akzeptieren können.
Eine Aussage über *Ihr* momentanes *Gefühl*.
Eine Aussage über die erwartete *Konsequenz* für *Sie*.

ICH-Botschaft = Verhalten + Gefühl + Konsequenz

Jetzt werden Sie sich vielleicht fragen, warum eine ICH-Botschaft gerade diese drei Teilaussagen enthalten soll. Dazu ist folgendes anzumerken:

- Der Partner braucht eine *konkrete Aussage* über das Verhalten, das Ihnen Probleme verursacht. Je konkreter diese Aussage ist, umso weniger besteht die Gefahr, dass Sie die Person pauschal angreifen (*Sach*-Ebene).
- Sie beschreiben, was das Verhalten bei Ihnen emotional auslöst. Dazu ist die ehrliche Gefühlsaussage notwendig. Über- und Untertreibungen von Stimmungen sind dabei nichtbrauchbare Rückmeldungen (*Selbstmitteilungs*-Ebene).
- Sie weisen auf die erwarteten Konsequenzen hin und appellieren an den Partner, sein Verhalten zu ändern. Dies ist ein wichtiges Teilstück, weil Sie damit einen einsehbaren Grund für die Verhaltensänderung angeben. Fehlt dieser Teil, so bleibt der Appell an die Verhaltensänderung zu unspezifisch (*Appell*-Ebene).

Damit ist erkennbar geworden, dass die ICH-Botschaft auf der *Sach*-Ebene, der *Appell*-Ebene und der *Selbstmitteilungs*-Ebene gleichzeitig ansetzt und dadurch helfen soll, auf der *Beziehungs*-Ebene wieder die ICH +/DU + Position zu erreichen, falls diese durch das Problem beeinträchtigt worden ist.

Schauen wir uns zur Verdeutlichung einmal drei Beispiele kompletter ICH-Botschaften an. Die in Klammern gesetzten Zahlen geben an, ob die Teilaussage das Verhalten (1), das Gefühl (2) oder die erwartete Konsequenz (3) betrifft.

Beispiel 1:
„Wenn ich über das Geschehen in Ihrem Gebiet nicht informiert werde (1), mache ich mir Sorgen (2) und stelle mir vor, dass Sie sich mit allen möglichen ungelösten Fragen herumschlagen (3).

Beispiel 2:
„Wenn ich höre, dass Anfragen von Neukunden zwei Wochen lang unbearbeitet bleiben (1), macht mich das wütend (2), weil ich befürchte, dass uns das Aufträge kostet, und wir ein schlechtes Image bekommen (3)."

Beispiel 3:
„Als ich die ersten Entwürfe der neuen Konzeption gesehen habe, bekam ich Zweifel hinsichtlich der Qualität (1); ich habe mich im Stillen geärgert und befürchtet (2), dass wir damit unser Absatzziel nicht erreichen könnten (3)."

Nun ist nicht jede Aussage, die mit ICH oder DU beginnt, eine ICH-Botschaft oder DU-Botschaft. Wenn Sie sagen: „Du tust mir weh damit", ist dies eine ICH-Aussage, denn hier senden Sie eine Mitteilung über Ihr Gefühl. Hingegen ist die Aussage: „Du bist gemein", eine eindeutige DU-Botschaft. Sie erheben einen Vorwurf, ohne zu sagen, worum es Ihnen konkret geht.

Ein weiteres Beispiel dazu: „Ich finde, dass Sie viel zu viel reden. Andere kommen gar nicht zu Wort." Hier liegt keine ICH-Botschaft, sondern eine *verdeckte DU-Botschaft vor.* Die Aussage beginnt zwar mit ICH, aber es folgt ein Vorwurf. Korrekt hätte eine ICH-Botschaft wie folgt ausgesehen:

> „Ich ärgere mich, dass immer nur einer redet. So kann ich nur einen Standpunkt erfahren, und ich möchte auch gerne wissen, was die anderen dazu meinen, da ich mir sonst kein abschließendes Urteil bilden kann."

Die ICH-Botschaft ist ein *erster Schritt* auf dem Wege zu einer Verhaltensänderung. Aber auch ICH-Botschaften sind kein Wundermittel. Nehmen wir einmal an, Sie senden eine ICH-Botschaft und Ihr Partner reagiert darauf nicht, sondern schickt seinerseits eine DU-Botschaft, was ja bedeutet, dass er *Sie* als Verursacher des Problems sieht.

Beispiel:

A: „Ich habe mich sehr geärgert, als ich in Ihren Berechnungen so schwerwiegende Fehler feststellen musste. In der Besprechung habe ich ganz schön dumm ausgesehen."

B: „Wenn Sie so viel Druck machen, bleibt mir keine Zeit, die ganzen Berechnungen auch noch mal zu kontrollieren."

A: „Sie glauben, dass ich Ihnen zu wenig Zeit gelassen habe."

Hier reagiert A bei seiner zweiten Aussage als aktiver Zuhörer und *paraphrasiert*, indem er die Aussage von B mit eigenen Worten wiederholt. Damit hilft er, die Emotionen bei B abzubauen, denn der ist ja offensichtlich betroffen, weil sein Fehlverhalten so direkt angesprochen wurde. Wenn A jetzt auf die Verteidigungsreaktion von B seinerseits mit einer DU-Botschaft geantwortet hätte, wäre ein Konflikt zumindest vorbereitet gewesen. Die gekonnte Kombination einer ICH-Aussage mit einer aktiven Zuhörreaktion hilft, den Partner für eine effektive Problemlösung aufzuschließen.

Denken Sie bitte in emotional aufgeladenen Situationen daran, dass *Widerstand* meist die *Dummheit des Gesprächsführers* ist, und Sie durch aktives Zuhören Widerstände konstruktiv lösen können.

Übung 4: ICH-Botschaften formulieren

Wenn Sie jetzt testen möchten, ob Sie ICH-Botschaften formulieren können, dann bearbeiten Sie doch bitte die folgenden Beispiele.

Alle Dialoge finden zwischen einem Vorgesetzten und einem Außendienstmitarbeiter statt.

DU-Botschaft	ICH-Botschaft
Ihre Kollegen in vergleichbaren Bezirken verkaufen von dem Artikel X fünfmal mehr als Sie. Das liegt weder an Ihrem Bezirk noch an dem Artikel.	
Glauben Sie es wäre richtig, erst um 9 Uhr die Arbeit zu beginnen?	
Ihr Kollege Y besucht täglich bei gleicher Kundenstruktur 50 % mehr Kunden als Sie.	
Zum wiederholten Mal muss ich den verspäteten Eingang Ihrer Post reklamieren. Wann halten Sie sich endlich mal an die Anordnung?	
Ich möchte Sie heute nicht mehr sehen. Verschwinden Sie!	
Sie bekommen zu viele Strafzettel. Passen Sie gefälligst beim Fahren auf, sonst gibt es ein böses Ende.	

Lösungsvorschläge zu Übung 4

DU-Botschaft	ICH-Botschaft
Ihre Kollegen in vergleichbaren Bezirken verkaufen von dem Artikel X fünfmal mehr als Sie. Das liegt weder an Ihrem Bezirk noch an dem Artikel.	Ich bin enttäuscht über Ihren nachlassenden Arbeitseinsatz. So können wir unser gemeinsam vereinbartes Umsatzziel nicht erreichen. Ich erwarte einen Arbeitseinsatz, der die Zielerreichung sicherstellt.
Glauben Sie es wäre richtig, erst um 9 Uhr die Arbeit zu beginnen?	Ich habe festgestellt, dass Sie mit Ihrer Tätigkeit erst gegen 9 Uhr beginnen. Das beunruhigt mich sehr, und ich frage mich, wie Sie Ihr Tagespensum schaffen wollen.
Ihr Kollege Y besucht täglich bei gleicher Kundenstruktur 50 % mehr Kunden als Sie.	Ich habe festgestellt, dass Sie bei gleicher Kundenstruktur nur 50 % der Kundenanzahl Ihres Kollegen erreichen. Darüber bin ich verärgert, und ich frage mich, wie wir bei dieser Entwicklung unser gestecktes Ziel erreichen werden.
Zum wiederholten Mal muss ich den verspäteten Eingang Ihrer Post reklamieren. Wann halten Sie sich endlich mal an die Anordnung?	Ich habe jedes Wochenende Schwierigkeiten mit der Zusammenstellung der Wochenergebnisse wegen des verspäteten Eingangs Ihrer Post. Darüber bin ich ziemlich wütend. Prüfen Sie morgen die Leerungszeiten der umliegenden Briefkästen, damit die Post künftig recht zeitig aufgegeben wird.

DU-Botschaft	ICH-Botschaft
Ich möchte Sie heute nicht mehr sehen. Verschwinden Sie!	Ich fühle mich heute nicht mehr in der Lage, die anstehenden Probleme sachlich zu behandeln. Melden Sie sich übermorgen wieder bei mir.
Sie bekommen zu viele Strafzettel. Passen Sie gefälligst beim Fahren auf, sonst gibt es ein böses Ende.	Ich bin immer wieder erstaunt über die hohe Zahl der Strafzettel, die Sie bei Ihrer Reisetätigkeit bekommen. Das beunruhigt mich doch sehr. Ich würde es sehr bedauern, einen guten Mitarbeiter aus so einem Anlass zu verlieren.

8 Aktives Zuhören im Überblick

Der Gesprächspartner steht im Mittelpunkt

Die Einstellung des aktiven Zuhörers wird durch folgende Faktoren charakterisiert:

1. Empathie
- Sich in die Lage des Partners versetzen.
- Sich in sein persönliches Universum und seine Bedeutungswelt einfühlen.

2. Pacing
- Den Partner erst „begleiten“ und nicht gleich „führen“ wollen.
- Den Partner dort abholen, wo er momentan verhaltens- und gefühlsmäßig steht.

3. Bejahung
- Den Partner aus der Position „ICH +/ DU +“ sehen, hören und annehmen.
- Dem Partner Interesse entgegenbringen, ohne zu werten und urteilen.
- Dem Partner Zuwendung und Anerkennung geben.

Gesprächsförderer

Folgende **6 Zuhör-Verhaltensweisen** können Sie abwechselnd **situationsbezogen** einsetzen, um aktiv zuzuhören.

- **Statements**
  Sie **benennen** in wenigen Worten das **Gefühl des Partners** und ermuntern ihn so zu einer **stärkeren emotionalen Selbstmitteilung.**
  „Das stimmt Sie zuversichtlich."
  „Sie sind enttäuscht."
- **Weiterführende Frage**
  Sie wirkt für den Partner wie ein **emotionaler Denkanstoß** und führt zu einer stärker emotional gefärbten Aussage.
  „Ich überlege mir gerade, was Sie daran so bewegt?"
  „Ich frage mich gerade, wie viel Ihnen an ... liegt?"
  „Was empfinden Sie, wenn ... ?"
  „Was bedeutet Ihnen denn ... ?"
- **Klärende Frage**
  Mit ihr greifen wir nebensächlich erscheinende **Teilaussagen** des Partners auf (wie z. B. „eigentlich", „im Prinzip", „vielleicht" usw.), um so seinen inneren **Abwägungsprozess** erläutert zu bekommen.
  „Sie sagen ‚vielleicht'."
  „Was meinen Sie mit ‚im Prinzip einverstanden'?"
  „‚Eigentlich zuviel' heißt für Sie ... ?"
- **Nicht-festlegende Aufmerksamkeitsreaktionen**
  Aussagen des Partners werden durch **Blickkontakt, Kopfnicken** und **kurze sprachliche Äußerungen**, wie: „hm", „ja", „fein", „toll", „oh", „interessant" usw. verstärkt.
  Schlüsselworte in der Aussage werden wiederholt, z. B.:
  „5000 Stück!"
  Aufforderung, etwas zu äußern, zum Beispiel:
  „Ihr Standpunkt würde mich interessieren."
  „Hört sich an, als ob Sie darüber reden möchten."

- **Wiederholung mit eigenen Worten**
  Das Wesentliche der Aussage wird mit eigenen Worten wiederholt, wobei der Umfang der Aussage, nicht aber der inhaltliche Kern verändert werden darf.
  „Sie meinen, dass ... "
  „Sie glauben, dass ... "

- **Zusammenfassende Wiederholung**
  Sie dient zur Zusammenfassung des Problemkerns und bietet dem Partner Orientierungspunkte für eine erweiterte und präzisere Aussage. Dazu wird die Technik des **In-Beziehung-Setzens** angewandt.
  „Einerseits ... andererseits ... "
  „An sich ,aber dann ... "

60 Beispiele zur Beschreibung von Emotionen

Sie sind	gelangweilt	guter Stimmung	bedrückt
	befriedigt	zuversichtlich	hilflos
	froh	wütend	stolz
	angeregt	dankbar	gespannt
	unzufrieden	eifrig	enttäuscht
	überrascht	fasziniert	ausgeglichen
	glücklich	schockiert	verärgert
	erfreut	aufgeregt	hoffnungsvoll
	zufrieden	verunsichert	ängstlich

Sie fühlen sich	herausgefordert	Das bereitet Ihnen Kummer.
	geborgen	Das regt Sie auf.
	belastet	Das freut Sie.
	unter Druck	Das schmerzt Sie.
	übergangen	Sie kommen davon nicht los.
	befangen	Das macht Sie hilflos.
	verletzt	Das macht Sie mutig.
	niedergeschlagen	Das stimmt Sie sorgenvoll.
	alleingelassen	Das befriedigt Sie.
	erschöpft	Das beschämt Sie.
	mutlos	Sie haben ein gutes Gefühl.
	völlig leer	Das erfüllt Sie mit Stolz.
	matt	Sie haben ein schlechtes Gefühl.
	zurückgewiesen	Das belastet Sie.
	ausgelacht	Das bedrückt Sie.
	übervorteilt	Das macht Sie glücklich.
	betrogen	

Gesprächsstörer

Sie finden auf dieser Seite Verhaltensweisen, die auf Dauer effektive Gespräche verhindern.

- **Von sich selbst reden**
  „Ich war auch schon mal in so einer Lage."
  „Ich kenne das nur zu gut."
  „Bei mir geht das so ... "
- **Lösungen liefern, Ratschläge erteilen**
  „Die beste Lösung wäre, wenn Sie ... "
  „Versuchen Sie es doch einmal so ... "
  „Die Erfahrung sagt, uns, dass ... "
- **Herunterspielen, bagatellisieren, beruhigen**
  „Nehmen Sie sich das nicht so zu Herzen."
  „Das Leben geht doch immer irgendwie weiter."
  „Es gibt schlimmere Dinge."
- **Ausfragen, dirigieren**
  „Ist das immer so bei Ihnen?"
  „Haben Sie denn schon etwas unternommen?"
  „Was ist das Bild denn wert?"
- **Interpretieren, Ursachen aufzeigen, diagnostizieren**
  „Das sagen Sie doch nur, weil Sie enttäuscht sind."
  „Das sind erste Anzeichen von Resignation."
  „Sie fühlen sich bestimmt dem Stress nicht gewachsen."
- **Vorwürfe machen, moralisieren, urteilen**
  „Finden Sie so etwas vielleicht in Ordnung?"
  „Selbstmitleid hilft jetzt wohl kaum weiter."
  „Ganz schlimm, so etwas!"
- **Befehlen, drohen, warnen**
  „Ich erwarte von Ihnen, dass Sie sich nicht hängen lassen!"
  „Treiben Sie es lieber nicht auf die Spitze."
  „Hören Sie sofort damit auf!"

ANHANG

ÜBUNG: Mein persönlicher Antwortstil in Gesprächen

Übungsanweisung

Sie finden in dieser Übung 10 Gesprächsausschnitte. Zu jedem Ausschnitt sind 6 verschiedene Antworten formuliert.

Lesen Sie bitte den ersten Gesprächsausschnitt und stellen Sie sich diesen Menschen dann in der beschriebenen Situation vor. Lesen Sie dann bitte die 6 zu dem jeweiligen Ausschnitt vorgegebenen Antworten.

Überlassen Sie sich dann Ihrer Spontaneität, ohne sich darum zu kümmern, ob es eine „gute Antwort" gibt oder nicht. Kennzeichnen Sie die Antwort, die sich am meisten der nähert, die Sie diesem Menschen geben würden, mit einem Kreuzchen.

Gehen Sie bitte bei allen 10 Gesprächsausschnitten so vor.

(Dieser Test wurde entworfen in Anlehnung an Roger Muccielli,
Das nicht-direktive Beratungsgespräch, Salzburg 1972, S. 14 - 23)

Fall 1: Siebenunddreißigjährige Frau (müde Stimme)

Ich weiß wirklich nicht, was ich tun soll. Ich weiß wirklich nicht, ob ich meine Stelle als Telefonistin wieder annehmen soll ... , das macht mich so nervös, es ist kaum auszuhalten ... , aber so hätte ich eben eine feste Anstellung und ein gutes Gehalt; oder soll ich das alles lassen und tun, was mich wirklich interessiert. Das wäre auf jeden Fall eine abwechslungsreichere Arbeit, aber dann müsste ich ja wieder ganz von unten anfangen, mit einem kleinen Gehalt beginnen. Ich weiß nicht, ob ich das wirklich tun könnte ...

1. Könnten Sie mir mehr über die Dinge erzählen, die Sie gerade interessieren? Es ist sehr wichtig, vorher genau darüber nachzudenken.
2. Vorsicht, bevor Sie sich auf etwas Neues einlassen, müssen Sie sicher sein, dass es für Sie von Vorteil sein wird und dass Sie nicht einem Phantom nachjagen.
3. Nun, wir werden sehen, es besteht noch Hoffnung. Wir müssen herauskriegen, welche anderen Beschäftigungsmöglichkeiten für Sie bestehen. Ich kann Ihnen ein Gespräch mit dem Personalchef vermitteln.
4. Sie stehen unentschlossen vor den beiden Möglichkeiten. Aus Nervosität können Sie keine rechte Entscheidung treffen.
5. Das ist wirklich keine leichte Entscheidung: Entweder die Anfangsschwierigkeiten in einem neuen Beruf auf sich zu nehmen oder aber einen gesicherten Arbeitsplatz zu haben, der Ihnen nicht zusagt.
6. Sie machen sich viel zu viele Sorgen. Sie werden Ihre Schwierigkeiten nicht beseitigen, wenn Sie sich so aufregen. Sie dürfen es sich nicht so schwer machen, es wird schon irgendwie gehen.

Fall 2: Dreißigjähriger Mann (verzerrte und belegte Stimme)

Alles, was da beim Betriebsausflug auf der Rückfahrt im Bus so hinter mir geredet worden ist, alles, auch wenn es noch so undeutlich war, alles habe ich irgendwie als Anspielung aufgefasst. Immer, die ganze Zeit habe ich gedacht, die machen sich über mich lustig, die reden über mich, weil ich den ganzen Tag fast nichts gesagt habe.

1. Junger Mann, in Ihrem Alter muss man schon etwas realistischer über das denken, was andere so alles reden.
2. Das ist jetzt noch eine Qual für Sie, wenn Sie daran denken.
3. Sie haben sich sicher so etwas schon oft eingeredet, so dass Sie jetzt schon gar nichts anderes mehr denken können.
4. Sind Sie denn immer so still und ziehen sich auch sonst gerne zurück?
5. Das dürfen Sie nicht so tragisch nehmen. Die haben ganz bestimmt über etwas ganz anderes geredet.
6. Vertrauen Sie sich doch mal einem Kollegen an, bei dem Sie das Gefühl haben, dass er Sie versteht.

Fall 3: Fünfunddreißigjähriger Mann (laute, abgehackte und aggressive Stimme)

Ich habe mich entschlossen, irgendetwas zu tun. Ich habe keine Angst davor, schwer zu arbeiten. Ich habe auch keine Angst davor, ein paar harte Schläge einzustecken, wenn ich weiß, was ich will. Und ich scheue mich nicht, wenn es sein muss, über Leichen zu gehen. Ich will alles für mich. Ich gebe mich nicht mehr mit einer mittelmäßigen Stelle zufrieden! Ich will jemand sein!

1. Mit einem Wort, Sie zeigen sich sehr ehrgeizig, weil Sie sich selbst Ihren eigenen Wert beweisen müssen.
2. Sie haben den Drang, an erster Stelle zu stehen, welche Mittel und Anstrengungen dazu auch notwendig sein sollten.
3. Was bringt Sie Ihrer Meinung nach zu diesem großen Entschluss, etwas erreichen zu wollen?
4. Hätten Sie ein Interesse daran, einige Tests zu machen, um so herauszufinden, für welchen Beruf Sie sich am besten eignen würden? Das könnte

eine Hilfe für Sie sein, obwohl Sie mit Ihrer Unternehmungslust sicherlich in vielen Berufen Aussichten haben.

5. Großer Ehrgeiz ist immer eine wirksame Triebfeder. Aber meinen Sie das ernst, dass Sie über Leichen gehen würden? Könnte Ihnen das nicht mehr schaden als nützen?

6. Ihre Gefühle sind sehr heftig. Sie dürften unter dem Eindruck einer erst kürzlich erlebten Enttäuschung stehen. Sie müssen sich beruhigen und besinnen, dann werden Sie Ihre kühle Entscheidungskraft wiedergewinnen, ohne Ihren Schwung dabei zu verlieren.

Fall 4: Vierzigjährige Sachbearbeiterin zum Gruppenleiter

Und das ist überhaupt das ganze Problem gewesen, wirklich, in meinem ganzen Leben, dass mir kein Mensch irgendetwas zugetraut hat. Noch nie, das war, mhm, früher schon immer so.
Jetzt bin ich heute wieder furchtbar am jammern, aber, mhm ...

1. Ja, dass muss wirklich schlimm gewesen sein, aber „Kopf hoch", Sie werden es den anderen schon noch zeigen.

2. Sie müssen jetzt einfach versuchen, Schritt für Schritt mehr Selbstbewusstsein zu entwickeln.

3. Wenn Sie mir vielleicht mehr darüber erzählen könnten, würden wir einen deutlicheren Hinweis darauf erhalten, wo Fehler zu suchen sind.

4. Irgendwie macht Sie das traurig, wenn Sie daran denken, dass man Ihnen nie etwas zugetraut hat.

5. Vielleicht wollen Sie keine Verantwortung, um nicht testen zu müssen, was wirklich in Ihnen steckt.

6. Sie sollten wirklich nicht so viel jammern. Es gibt genügend Leute, die haben es um einiges schwerer.

Fall 5: Fünfzigjähriger Mann (zornig und verbittert)

Ja, und da gibt es eben sehr viele in der Abteilung, die mich nicht mögen, einfach so. Dabei kennen die mich eigentlich kaum. Ich weiß gar nicht, wieso das so ist. Und was meine Frau betrifft, nun ja ...

1. Sie wollten noch etwas über Ihre Frau sagen ...
2. Sie glauben, dass die Kollegen in der Abteilung keinen persönlichen Kontakt zu Ihnen wollen, weil sie sich sagen, dass so etwas im Geschäft nichts zu suchen hat.
3. Das beschäftigt Sie ziemlich stark, warum Sie so abgelehnt werden.
4. Sie sollten nicht so viel rumgrübeln, ob die anderen Sie nun mögen oder nicht. Dadurch kapseln Sie sich noch mehr ab. Das ist das Verkehrteste, was Sie tun können.
5. Nehmen Sie das doch nicht so tragisch. Die anderen werden ihre Haltung schon noch ändern.
6. Wenn Sie so denken, kommen Sie immer mehr zu negativen Gefühlen über andere. Das ist in ihrer Situation nicht hilfreich.

Fall 6: Fünfunddreißigjähriger Mann (klare und entschiedene Stimme)

Ich bin sicher, dass mir die Sache gelingen könnte. Alles, was ich brauche, sind Überblick, Sachverstand und Unternehmungsgeist. Das habe ich alles. Und wenn ich auch noch die entsprechenden Mittel hätte, würde ich mich sofort daran machen.

1. Sie möchten vielleicht die Adresse eines Finanzberaters. Bevor man eine Anleihe aufnimmt, braucht man eine solide und fachmännische Beratung.
2. Gut so. Man muss von sich selber überzeugt sein, wenn man etwas erreichen will. Ein zaghafter Beginn kann wirklich alles zunichte machen. Sie sind auf dem richtigen Weg, und ich wünsche Ihnen viel Erfolg.

3. Wenn Sie das Grundkapital hätten, wären Sie sicher, daraus einen Gewinn zu ziehen.
4. Sie sind sicher, Erfolg zu haben, weil Sie genau wissen, was man braucht, damit die Sache klappt. Wenn man die Dinge nüchtern genug betrachtet, kommt die Zuversicht von selbst.
5. Haben Sie schon untersucht, welche Risiken Sie dabei eingehen müssen?
6. Sie machen sich viele Probleme über Geld, wie man dazu kommt und wie man es am vernünftigsten einsetzt.

Fall 7: Dreiundvierzigjähriger Mann (gespannte, gehässige Stimme)

Nun, da ist ein Neuer in der Abteilung, aber er ist ein verschlagener Typ. Der weiß auf alles eine Antwort und glaubt, er hätte das Schießpulver erfunden. Aber, mein Gott, er hat keine Ahnung, mit wem er es zu tun hat! Ich würde es besser machen als er, wenn ich nur wollte!

1. Sie glauben, der Erste sein zu müssen. Es ist wirklich wichtig für Sie, immer an der Spitze zu stehen.
2. Sie sollten Ihre Haltung dem Neuen gegenüber ändern, dann wird sich auch Ihre Stellung bessern.
3. Haben Sie Geduld, mit der Zeit bessert sich auch Ihre Position.
4. Dieser Neuankömmling scheint Ihnen so eingebildet, dass Sie ihn am liebsten übertrumpfen möchten.
5. So! Sie spielen aber kein faires Spiel! Warum legen Sie so viel Wert darauf, diesen Mann auszustechen?
6. Haben Sie sich genau über die frühere Karriere und die jetzige Funktion dieses Mannes informiert? Was wissen Sie über ihn?

Fall 8: Vierundzwanzigjährige Frau (gespannte, wütende und verhaltene Stimme)

Wenn ich sie nur schon ansehe! Sie ist weder attraktiv noch so intelligent wie ich. Sie hat keinen Charme, und ich frage mich, wie sie es fertigbringt, so vielen Leuten etwas vorzumachen. Warum durchschaut man bloß nicht ihr Getue? Irgendetwas gelingt ihr immer, und alle bewundern sie dann, wie sie es zustande gebracht hat. Ich halte das nicht mehr aus! Das macht mich noch ganz verrückt! Sie bekommt alles, was sie will! Wenn ich sie zur Rede stelle und ihr meine Meinung sage, dann sagt sie bloß: „Es tut mir leid!“ Aber warten sie, ich werde es ihr schon noch zeigen!

1. Erinnert sie Sie vielleicht an eine frühere Freundin von Ihnen?
2. Sie finden, dass sie das erreicht, was in Wirklichkeit Sie bekommen sollten.
3. Man könnte fast sagen, dass Sie ihr gegenüber eine aggressive Haltung einnehmen. Wir alle haben gegen bestimmte Leute Vorurteile, aber selten bringt uns das einen wirklichen Nutzen.
4. Das ist ein typischer Fall von Eifersucht, der durch die Gegenwart einer Person hervorgerufen wird, die vielleicht etwas fähiger und geschickter ist als Sie.
5. Warum versuchen Sie nicht, sie zu beobachten und dann auf ihrem eigenen Feld zu schlagen? Wenn sie nur blufft, dann dürften Sie ohnehin das letzte Wort haben.
6. In Ihrem Alter ist man natürlich sehr anfällig gegenüber allen Enttäuschungen, aber man hat den Vorteil, vernünftiger zu sein und mehr Lebenserfahrung zu besitzen.

Fall 9: Gespräch zwischen dem Betriebsarzt und Klaus, dem neuen Angestellten.

Nun, Klaus, wie geht es mit den Kollegen im Büro?
Klaus: Ach, zum Teufel mit ihnen! Obwohl ich mein Bestes versucht habe,

sind der Chef und seine Sekretärin wütend auf mich geworden, weil ich mich bei einer schwierigen Abrechnung geirrt hatte. Das hat mich ..., ich tue mein Bestes ..., ich tue wirklich mein Bestes, aber wenn sie so weit gehen, mir zu sagen, dass es nicht genug ist, dann zeigt mir das immer deutlicher, dass ich zu nichts tauge.

1. Schauen Sie, Klaus, versuchen Sie, die Sache objektiv zu betrachten. Ist es denn wirklich so schlimm? Daraus muss man doch kein Drama machen.
2. Mit anderen Worten: Seitdem man Sie kritisiert, neigen Sie zu Schuldgefühlen.
3. Sie haben Ihr Bestes getan, aber es fand sich ein Fehler, und deswegen haben Sie das Gefühl, nicht viel zu taugen.
4. Sehen Sie, mein Lieber, wenn Sie sich durch so etwas entmutigen lassen, dann taugen Sie wirklich bald zu nichts mehr.
5. Sagen Sie, Klaus, ist nur dieses eine Missgeschick der Grund, dass es so weit gekommen ist und Sie an sich selbst zweifeln?
6. Sie sollten in Betracht ziehen, was Sie bis jetzt erreicht haben und sich nicht durch Ihre Mängel entmutigen lassen. Ziehen Sie die Bilanz Ihrer Erfolge!

Fall 10: Sechzehnjähriger Auszubildender zu seinem Abteilungsleiter.

Ich kann mich eigentlich nie, mhm, nie spontan über etwas freuen. Und wenn ich bei einem Fußballspiel bin und die Leute springen so auf und jubeln, dann denke ich mir: Warum geraten die so aus dem Häuschen? Das ist doch irgendwie lächerlich.

1. Bei Dir ist es dann innerlich ganz leer.
2. Geh doch mal mit Freunden in einen lustigen Film oder mach mit ihnen eine Fahrt ins Blaue. Meist steckt Fröhlichkeit doch irgendwie an.
3. Man muss sich auch freuen können. Wenn man sich immer krampfhaft zurückhält, wird man ja ganz verklemmt.

4. Ich frage mich, ob die Beseitigung Deiner Schwierigkeiten nicht eher darin besteht, dass Du zu wenig Selbstvertrauen an den Tag legst.
5. Nimm das nicht so schwer. Sicher gibt es doch irgendwelche Sachen, bei denen Du Dich auch mal ganz spontan freuen kannst. Es muss ja nicht beim Fußball sein.
6. Gibt es denn gar nichts, was Dir Spaß macht? Denk doch mal genau nach.

Auswertung der Übung

Beginnen Sie bitte mit Fall 1 und übertragen Sie die Nummer Ihrer Antwort, indem Sie das Kästchen schraffieren, das Ihre Antwortzahl enthält.

Übertragen Sie so alle Ihre Antwortzahlen für die 10 Gesprächsausschnitte.

Bitte kümmern Sie sich zunächst einmal nicht um die Buchstaben in der ersten Tabellenspalte.

	Fall 1	Fall 2	Fall 3	Fall 4	Fall 5	Fall 6	Fall 7	Fall 8	Fall 9	Fall 10
A	2	1	5	6	6	2	5	3	4	3
B	4	3	1	5	2	6	1	4	2	4
C	6	5	6	1	5	4	3	6	1	5
D	1	4	3	3	1	5	6	1	5	6
E	3	6	4	2	4	1	2	5	6	2
F	5	2	2	4	3	3	4	2	3	1

Ihre Antworttendenzen in einem Gespräch

A Ihre Antworten sind *bewertend.* Sie enthalten einen moralischen Standpunkt und beinhalten damit ein ablehnendes oder zustimmendes Urteil über den anderen.

B Ihre Antworten sind *Interpretationen.* Sie hören und verstehen nur, was Sie wollen. Sie betonen, was Ihnen wichtig erscheint. Sie suchen sehr schnell nach einer verstandesmäßigen Erklärung. Sie verzerren damit praktisch die Aussage des Partners. Sie verfremden seinen Gedankengang.

C Ihre Antworten haben tröstenden Charakter. Sie wollen damit Ermutigung und/oder Beruhigung erreichen. Sie empfinden starkes Mitleid und glauben, dass man die Sache nicht noch stärker dramatisieren sollte.

D Ihre Antworten sind *erfragend* und *erforschend.* Sie bemühnen sich, mehr zu erfahren und lenken das Gespräch in die Richtung, die Ihnen wichtig erscheint. Sie sind offensichtlich in Eile und bedrängen den Partner mit Ihren allzu direkten Fragen.

E Sie neigen dazu, in Ihren Antworten eine *sofortige Lösung des Problems* zu geben. Sie reagieren durch Handeln und drängen zur Tat. Sie finden sofort die Lösung, die *Sie* geben würden. Sie warten nicht ab, bis Sie mehr erfahren haben. Sicherlich werden Sie bei der Vorgehensweise den Partner und seine Klagen los. Der Partner wird zudem in eine passive Konsumentenhaltung gedrängt. Beim nächsten Problem weiß er wieder nicht Bescheid und braucht den nächsten Ratschlag.

F Ihre Antworten zeigen *Verständnis* und spiegeln Ihre Bemühungen wider, sich wirklich in die Problemlage des Partners zu versetzen. Sie wollen vor allem sichergehen, das Gesagte richtig verstanden zu haben. Diese Haltung ermutigt den Gesprächspartner und regt ihn zu weiteren Aussagen an, weil er die Garantie besitzt, dass Sie ihm vorurteilsfrei zuhören.

Interpretation der Ergebnisse

1. Es gibt einen Buchstaben, der fünf mal oder häufiger durch die Antwortzahl von 1 bis 6 repräsentiert wird. Dieser Buchstabe steht für *Ihre typische Antworttendenz in Gesprächen.*
Schauen Sie sich jetzt die Erläuterungen auf Seite 111 an. Wichtig ist, dass Sie *mindestens* 5 mal den gleichen Buchstaben aufweisen können.

2. Es gibt häufig eine zweite Reihe, die mit mindestens 3 Nennungen belegt ist. Schauen Sie sich jetzt wieder die Erläuterungen zu diesem Buchstaben an.
Der Buchstabe steht für eine weitere Antworttendenz in Gesprächen.

3. Sie haben weder eine Reihe mit 5 noch eine mit 3 identischen Nennungen. Das bedeutet, dass Sie sich sehr stark von der jeweiligen Situation, in der Sie sich befinden, beeinflussen lassen. Sie reagieren stark emotional.

Wenn Sie 5 mal oder häufiger den Buchstaben F angekreuzt haben, dann sind Sie vermutlich ein *guter Zuhörer*.
F repräsentiert nämlich das Antwortverhalten eines aktiven Zuhörers.

Alle anderen Buchstaben signalisieren eine Zuhörhaltung, die noch zu verbessern ist. Denn: Ihre Antwortqualität ist unmittelbar abhängig von Ihrer Zuhörqualität.

Wenn wir uns im Kapitel *„Gesprächsstörer"* näher mit den Zuhörfehlern befassen, nehmen Sie bitte Ihren Auswertungsbogen wieder zur Hand und prüfen Sie, welcher Gesprächsstörer am besten zu den von Ihnen angekreuzten Buchstaben passt. Außer F natürlich.

Und wenn Sie jetzt noch Lust haben, können Sie folgende Gedankenreise machen:

Sie gehen die letzten 2 Monate in Gedanken zurück.

Sie suchen sich Gesprächssituationen, entweder privat oder beruflich, die nicht gerade befriedigend ausgegangen sind.

Schauen Sie sich jetzt an, wie das Gespräch begann.

Wie haben Sie reagiert?

Welches Verhalten hat Ihr Partner an den Tag gelegt?

Suchen Sie Gesprächsmomente, wo Sie mit der Ihnen jetzt bekannten Antworttendenz reagiert haben.

Machen Sie das Gleiche mit den Aussagen Ihres Partners. Finden Sie einen typischen Antwortstil für ihn?

Vergleichen Sie beide Antwortstile. Ergänzen sie sich? Stehen sie in totalem Widerspruch? Ist das eine Konfliktquelle in Ihren Gesprächen?

Wie könnten Sie zukünftig produktiver reagieren?

Literaturverzeichnis

Bachmair, Sabine, u.a.:
Beraten will gelernt sein. Weinheim und Basel, 8. Aufl. 2007

Berne, Eric:
Spiele der Erwachsenen. Reinbek, 9. Aufl. 2008

Ernst, Franklin:
Who's listening? San Francisco o.J.

Gordon, Thomas:
Manager-Konferenz. München 2005

Gordon, Thomas:
Familienkonferenz. München, 47. Aufl. 2008

Muccielli, Roger:
Das nicht-direkte Beratungsgespräch. Salzburg 1972

Rogers, C.R.:
Die nichtdirektive Beratung. Frankfurt, 12. Aufl. 2007

Schulz von Thun, Friedemann:
Miteinander reden: Störungen und Klärungen. Reinbek, 45. Aufl. 2007

Watzlawick, Paul, u.a.:
Menschliche Kommunikation. Bern, Stuttgart, 11. Aufl. 2007

Weinberger, Sabine:
Klientenzentrierte Gesprächsführung. Weinheim und Basel, 12. Aufl. 2008

Weisbach, Christian, u.a.:
Zuhören und Verstehen. Reinbek 1981

Sachregister